Hedwig Kellner

Endlich schuldenfrei!

Über dieses Buch

Raus aus der Schuldenfalle!
Die Unternehmensberaterin zeigt in fünf Schritten auf, wie es auch Ihnen gelingt, Ihre Finanzen wieder in den Griff zu bekommen, ohne dabei auf die schönen Dinge des Lebens verzichten zu müssen. Dabei geht die Autorin ganz praktisch vor und analysiert anhand von zahlreichen Fallbeispielen, wie es überhaupt zur Anhäufung von Schulden kommen und wie man diese nach und nach wieder loswerden kann:

- Überblick über die eigene Finanzlage verschaffen.
- Den Umgang mit Geld optimieren.
- Den persönlichen Kaufmotiven auf die Spur kommen.
- Vorbeugende Maßnahmen gegen finanzielle Engpässe ergreifen.

Mit zahlreichen Tipps, Fallbeispielen und Strategien für Ihr persönliches Geldmanagement.

Über die Autorin

© ks-fotodesign

Hedwig Kellner, Jahrgang 1952, studierte Mathematik und Psychologie und war über zehn Jahre lang als selbstständige Unternehmensberaterin und Managementtrainerin tätig. Heute arbeitet sie erfolgreich als freie Sachbuchautorin und lebt in Schleswig-Holstein, unweit von Hamburg.

Hedwig Kellner

Endlich schuldenfrei!

Geldprobleme in den Griff bekommen

nymphenburger

Umschlaggestaltung: Atelier Sanna, München
Umschlagmotiv: getty-images, München
Satz: Ina Hesse
Gesetzt aus 11/14 pt. Sabon
Druck und Binden: fgb • freiburger graphische betriebe
Printed in Germany
ISBN 978-3-485-01192-1

www.nymphenburger-verlag.de

Inhalt

Vorwort

Liebe Leserin, lieber Leser,
Sie wollen sich endlich von Ihren Schulden befreien. Damit werden Sie in einem wichtigen Punkt Ihr Leben verbessern. Es heißt: »Geld macht nicht glücklich.« Aus eigener bitterer Erfahrung wissen Sie jedoch auch: Schulden machen sehr unglücklich.

Schulden sind ein gefährlicher Stressfaktor. Sie nehmen die Lebensfreude, machen Angst, belasten den Alltag mit tausend Einschränkungen und greifen des Selbstwertgefühl an. Sie kennen sicherlich auch die bange Frage des Selbstzweifels: »Bin ich ein Versager, dass mir das passieren konnte?« Sie kennen ganz gewiss auch den Frust, wenn Sie sich nicht wie Ihre Freunde und Bekannten ganz normale Ausgaben leisten können wie zum Beispiel Kinokarten oder den Besuch eines Restaurants. Vielleicht wachen auch Sie manchmal nachts auf und denken mit Schrecken an unbezahlte Rechnungen und an Mahnungen. Wird Ihnen auch mulmig, wenn Sie in den Briefkasten schauen und es sind wieder »verdächtig« aussehende Umschläge darin? Scheuen Sie davor zurück, sie überhaupt zu öffnen?

Geldsorgen zermürben und greifen irgendwann unweigerlich die seelische und körperliche Gesundheit an. Es ist gut, wenn Sie sich nun entschlossen haben, sich endlich von Ihren Schulden zu befreien. Sie können es schaffen, so wie es vor Ihnen schon viele andere geschafft haben. Wichtig ist, dass Sie den ersten Schritt tun und dann beharrlich dranbleiben. Sie werden erleben, wie wohltuend es ist, wenn sich die ersten Erfolge einstellen.

Auf dem Weg aus der Schuldenfalle heraus soll dieses Buch Ihnen Begleiter, Ratgeber und Mutmacher sein. Am meisten profitieren Sie davon, wenn Sie es nicht nur durchlesen, sondern von Kapitel zu Kapitel die Aufgaben oder Fragen bearbeiten. Fangen Sie einfach an und lassen Sie sich überzeugen, wie gut es Ihnen schon bald gelingen kann, endlich schuldenfrei zu werden.

Ich wünsche Ihnen viel Erfolg!

Ihre Hedwig Kellner

Die Schuldenfalle – wir können alle hineingeraten

Die Schuldenfalle schnappt nur selten plötzlich zu

Wir alle können in Schulden geraten. Nur sehr selten passiert es plötzlich. Meistens geht der Überblick über die eigene finanzielle Lage sehr langsam, fast unmerklich, verloren. Man hat hier etwas auf Raten gekauft, dort etwas auf Anzahlung bestellt, hier etwas mit Kreditkarte bezahlt und dort einen Vertrag unterschrieben. Irgendwann weiß man nicht mehr so genau, wem man eigentlich im Einzelnen wie viel schuldet.

Vielleicht kennen Sie auch die Situation, dass Sie noch dachten, Sie hätten genug Geld zur Verfügung, und Sie leisten sich beim Shopping ein paar schöne Dinge, und dann kommt überraschend in dem Monat noch eine dicke Rechnung für das Auto oder etwas anderes. Zum Glück gibt es ja noch den Dispokredit. Eigentlich sollte mit der nächsten Gehaltszahlung das Minus ausgeglichen sein. Aber irgendwie ist der Wurm drin. Eine unerwartete größere Ausgabe nach der anderen ist unvermeidlich. Man kommt aus dem Dispo nicht mehr raus.

Manchmal besteht ja noch Aussicht auf Weihnachtsgeld oder eine Steuerrückzahlung. Damit soll dann das Konto ausgeglichen werden. Früher hat das immer geklappt. Auf einmal klappt es nicht mehr. Das Weihnachtsgeld wird dieses Jahr wegen finanzieller Engpässe im Unternehmen gestrichen. Vom Finanzamt kommt zwar die Rückzahlung, jedoch passiert das gleichzeitig mit der Tatsache, dass das alte Auto endgültig seinen Geist aufgegeben hat. Um wenigstens nicht mehr die hohen Zinsen für den Dispo zu zahlen, einigt man sich mit dem Bankberater darauf, den Dispo in einen normalen Kredit zu ändern. Wie schön, wenn das Girokonto wieder ausgeglichen ist! Leider hält die Freude nicht so lange wie erhofft. Irgendwann muss man wieder in den Dispo, und so geht es weiter, bis sich aus kleinen Beträgen langsam aber stetig ein Schuldenberg auftürmt. Kennen Sie aus Ihrem Leben auch diese oder eine ähnliche Entwicklung?

Oder ist es Ihnen so ergangen wie ebenfalls sehr vielen Menschen, die völlig überraschend vor dem finanziellen Aus standen? Nie hätten sie damit gerechnet, jemals in der Schuldenfalle zu landen. Immer sind sie gut mit ihrem Geld ausgekommen, und dann schlägt das Schicksal zu. Fassungslos stehen sie von einem Tag zum nächsten vor der Tatsache, dass sie Schulden von mehreren Zehntausend oder sogar Hunderttausend Euro haben!

Dass die Schuldenfalle so überraschend zuschnappt, kommt zwar seltener vor, ist jedoch schon vielen Menschen passiert.

Egal, wie Ihre Schulden entstanden sind, sie belasten Sie. Es wird Ihnen mulmig, wenn Sie nur daran denken. Am liebsten denken Sie gar nicht daran und versuchen, sich so oft wie möglich davon abzulenken.

Da Sie sich nun jedoch entschlossen haben, endlich schuldenfrei zu werden, sollten Sie ab sofort bewusst Ihre Sorgen nicht mehr verdrängen. Nehmen Sie sich die Zeit, sich einmal ganz in Ruhe mit Ihrer Schuldensituation auseinanderzusetzen. Gehen Sie folgenden Fragen nach:

- Zu welchem Zeitpunkt in Ihrem Leben waren Sie noch schuldenfrei?

  Was ist heute an Ihrer Lebenssituation anders als damals?
- Ab wann wurde Ihnen bei dem Gedanken an Ihre finanzielle Lage unbehaglich? Woran haben Sie gespürt, dass es mit den Schulden zu viel wurde?
- Ab wann haben Sie sich echte Sorgen gemacht wegen Ihrer Schulden?

Gab es konkrete Situationen, in denen Sie merkten, dass Ihre Schulden existenzbedrohend (z. B. Gefahr, die Miete nicht mehr bezahlen zu können) wurden?

- Wie schätzen Sie Ihre aktuelle finanzielle Lage ein? Können Sie sich vorstellen, wie es für Sie finanziell in naher Zukunft weitergeht? Mit welchen Problemen müssen Sie gegebenenfalls rechnen?

Der Anfang jeder Problemlösung ist das gründliche Durchdenken des Problems. Mit diesen Fragen tun Sie bereits den ersten Schritt raus aus den Schulden. Sie verdrängen nicht, sondern packen den Stier gedanklich schon bei den Hörnern!

Das sind die vier zentralen Fragen in der Schuldenfalle

Egal, wie Sie in die Schuldenfalle geraten sind, jetzt sitzen Sie drin und wollen wieder heraus. Das ist Ihre ureigene Aufgabe. Den meisten Menschen um Sie herum ist es vergleichsweise unwichtig, wie es Ihnen finanziell geht. Die anderen haben mit ihren eigenen Sorgen genug um die Ohren. Sie selbst müssen sich darum kümmern, sonst tut es keiner!

Der Weg aus den Schulden heraus wird durch vier zentrale Fragen begleitet:

1. Wie bin ich in mein Schuldenproblem hineingeraten?
2. Wo stehe ich jetzt?
3. Wie komme ich wieder heraus aus den Schulden?
4. Wie sichere ich mich ab, damit es mir nie wieder passiert?

Die folgenden Kapitel dieses Buches werden Sie der Reihe nach zu den Fragen führen, damit Sie Ihre Antworten darauf finden können. Vielleicht denken Sie jetzt: »Was interessiert es mich, wie ich in die Schulden hineingeraten bin? Jetzt habe ich das Problem und will nur eines wissen: wie ich wieder rauskomme!«

Bitte nehmen Sie sich die Zeit, auch die ersten beiden Fragen gründlich zu bearbeiten. Sie sind das Fundament für Ihre Strategie aus den Schulden heraus. Sie können die vier Fragen auf einen Zettel schreiben und an Ihren Spiegel heften oder auf Ihren Schreibtisch legen. Dann können Sie immer abhaken, was schon erledigt ist und wo Sie jeweils aktuell stehen. Rechnen Sie damit, dass Ihnen manchmal der Weg aus der Schuldenfalle zu schwierig scheint, dass Ihnen manchmal der Mut abhanden kommt oder die Lust vergeht. Dann ist es hilfreich, wenn Sie den Zettel anschauen und sehen, wo Sie schon sind.

Wer ist schuld an den Schulden?

Gehören Sie auch zu den Menschen, denen ihre Schulden peinlich sind? Versuchen Sie auch, vor Freunden, Kollegen und Bekannten zu verbergen, dass es Ihnen finanziell nicht gut geht? Das mag daran liegen, dass der Begriff »Schulden« von »Schuld« kommt. Vielleicht haben Sie tatsächlich ein schlechtes Gewissen, weil Ihnen bewusst ist, dass Sie im Umgang mit Geld Fehler gemacht haben. Sie waren vielleicht zu nachlässig im Ausgeben, haben auf zu großem Fuß gelebt, sich zu leichtfertig auf finanzielle Risiken eingelassen oder Geld schon ausgegeben, bevor Sie es hatten, um dann zu erleben, dass erwartete Einnahmen ausblieben.

Schauen Sie sich die folgenden Beispiele an. Bei dem einen oder anderen werden Sie sagen: »Genau wie bei mir.« Bei anderen denken Sie: »Zum Glück habe ich den Fehler nicht auch noch gemacht.«

Zu Ihrer Ermutigung sei an dieser Stelle schon gesagt: Alle hier beschriebenen Personen haben es geschafft, aus der Schuldenfalle wieder auszusteigen, beziehungsweise sind schon sehr weit auf dem Weg und werden es bald geschafft haben.

Meine Kollegin Elke war scheinbar überhaupt nicht der Typ, jemals in Geldschwierigkeiten zu geraten. Sie hatte eine gute Schulausbildung, studierte danach Betriebswirtschaft und machte als Chefsekretärin Karriere. Sie fuhr jeden Morgen mit ihrem Sportwagen vor und ließ uns Kolleginnen vor Bewunderung erblassen wegen ihres immer wieder atemberaubend tollen Outfits. Wir wussten, dass sie sehr gut verdiente und sich einen extravaganten Lebensstil leistete. Sie pflegte regelmäßig für kurze Shoppingtrips nach London oder Paris zu fliegen. Urlaub machte sie auf Mauritius. Ihre Wohnung war äußerst geschmackvoll und sehr teuer eingerichtet. Elke genoss in vollen Zügen ihren beruflichen Erfolg.

Eines Tages fragte ich sie, warum sie immer noch zur Miete lebte und sich nicht mal eine eigene Wohnung kaufte. »Wozu denn? Ich habe keine Kinder, denen ich etwas vererben müsste.« Meinen Einwand, dass eine eigene Wohnung auch für ihre eigene Zukunft eine Absicherung bedeuten würde, wischte sie lachend vom Tisch. »Ich lebe jetzt!«

Elke war zweiundvierzig Jahre alt, als ihr Chef in den Ruhestand ging. Der Nachfolger brauchte sie nicht. Der brachte seine eigene Sekretärin mit. Eine Weile wurde Elke im Unternehmen von Posten zu Posten geschoben. Für die jüngeren Manager war sie zu alt. Die älteren Manager hatten bereits ihre Sekretärinnen oder bevorzugten ebenfalls jüngere Assistentinnen.

Elke musste zu ihrer Überraschung erleben, dass sie als über Vierzigjährige am Arbeitsmarkt kaum noch gefragt war. Schließlich fand sie einen deutlich schlechter bezahlten Job als Chefsekretärin in einem kleineren Unternehmen. Sie ärgerte sich zwar über das geringere Gehalt, wollte jedoch nicht einsehen, dass es klug wäre, endlich an die materielle Absicherung der eigenen Zukunft zu denken. »Ich lebe jetzt!« blieb ihr Lebensmotto. Sie zog zwar in eine billigere Wohnung, konnte sich jedoch weiterhin nicht vorstellen, jemals einen Kleinwagen zu fahren oder Kleidung zu kaufen, die nicht zur aktuellen Kollektion der Designer gehörte.

Elke sah immer noch aus wie eine wohlhabende Luxusfrau. Niemand hätte vermutet, dass sie inzwischen mehrfach ihren Dispokredit in normale Kredite umgewandelt hatte. Sie genoss weiterhin ihre Urlaube, allerdings auf Kredit!

Elkes finanzieller Absturz kam, als ihr Arbeitgeber Insolvenz anmelden musste. Von einem Tag zum nächsten war sie arbeitslos. Da sie überhaupt keine Geldreserven hatte, musste sie schon nach zwei Monaten ihre Schwester anpumpen, um wenigstens die Miete bezahlen zu können. Über Zeitarbeit fand sie zwar wieder einen Job, mit dem kam sie jedoch nur gerade noch über die Runden. Von Tilgung ihrer Schulden bei der Bank konnte überhaupt kcine Rede sein.

Wenn Sie den Fall von Elke betrachten, sehen Sie zwei der sehr häufigen Gründe, warum ein Mensch in die Schuldenfalle geraten kann:

- Elke hat nicht für mögliche Wechselfälle des Lebens vorgesorgt. Sie ging ganz einfach davon aus, dass es für sie bei ihrem beruflichen Erfolg wirtschaftlich immer bergauf gehen würde, niemals bergab. Ein Trugschluss!
- Elke hat sich nicht der Realität gestellt, als ihre beruflich beste Zeit vorbei war. Sie hat bei geringerem Einkommen ganz einfach mit ihrem gewohnten Lebensstil weitergemacht. Die Augen vor der Realität zu verschließen ist höchst gefährlich!

Für Elke führte der Weg aus den Schulden erst heraus, als sie bereit war, ihren Lebensstil der Realität ihrer finanziellen Möglichkeiten anzupassen.

Brittas Lebensweg führte gleich zweimal in die Schuldenfalle. Sie war mit Jürgen, einem Alkoholiker, verheiratet. Wie alle Süchte, so kann auch Alkoholismus ins finanzielle Desaster führen. Je mehr getrunken wird, desto teurer wird es. Irgendwann konnte Jürgen nicht mehr arbeiten. Brittas Gehalt reichte nicht aus, den Lebensunterhalt zu sichern, für ausreichend Alkohol zu sorgen und die Tilgung von bereits vorhandenen Krediten zu leisten.

Jürgen starb plötzlich an einer Grippe. Von einem Tag zum anderen war Britta nicht nur schuldenfrei, sondern sogar vermögend. Die Schulden wurden durch eine Kreditversicherung ihres Mannes beglichen. Dazu kam eine schöne Summe von der Lebensversicherung.

Als erstes renovierte Britta die Wohnung und kaufte sich neue Möbel. »Ich kann nicht ertragen, im Doppelbett zu schlafen und neben mir ist es leer.« Das verstanden ihre Freunde gut. Sie verstanden auch, dass sie das dreißig Jahre alte Wohnzimmer entrümpelte und nach ihrem Geschmack neu einrichtete. Aber dann ging es weiter: Ein neues Auto musste her und ein neues Outfit. Endlich einmal shoppen gehen und sich die schönen Kleider kaufen, die sie sich vorher nie leisten konnte!

Als die Wohnung fertig eingerichtet war, fiel Britta in ein Loch. Sie wusste nicht, wie sie nach der Arbeit oder am Wochenende ihre leere Zeit füllen sollte. Früher hatte sie mit dem Haushalt und dem alkoholkranken Mann genug um die Ohren gehabt. Außerdem war sie in der Selbsthilfegruppe für Angehörige von Alkoholikern aktiv gewesen. Damit war es nun aus.

Aus Langeweile bummelte Britta nun fast täglich durch die Fußgängerzone und schaute sich die Auslagen in den Schaufenstern an. Zu Hause blätterte sie in Katalogen von Versandhäusern, surfte im Internet oder schaute im Fernsehen, was die nett plaudernden Verkäufer der Shoppingkanäle so anpriesen. An Wochenenden leistete sich Britta Ausflüge zu Factory Outlets in der ganzen Republik. Ihre Schränke und der Keller füllten sich mit all den schönen Dingen, die sie kaufte. Der fünftürige Kleiderschrank war proppenvoll mit neuen Kleidern, Jeans, Pullis, Lederjacken etc. Sie besaß Schuhe in solchen Mengen, dass sie es wahrscheinlich nicht einmal gemerkt hätte, wären ihr welche gestohlen worden. Britta versank in Konsumschulden bei zahllosen Gläubigern. Sie schuldete der Bank Geld, verschiedenen Versandhäusern, dem Vermieter, mehreren Telefongesellschaften und etlichen Freunden. Bei Britta können Sie zwei ebenfalls sehr häufige Ursachen für finanzielle Abstürze sehen:

- Britta ließ sich nach dem Tod ihres Mannes vom plötzlichen Geldsegen blenden. Sie war so erleichtert, endlich genug Geld zu haben, um sich auch mal größere und kleinere Wünsche zu erfüllen, dass sie konsumiert hat, bis das Guthaben weg war. Dieses Phänomen kommt oft auch bei Lottogewinnern vor. Nach dem Gewinn wird »auf den Putz gehauen«, bis alles ausgegeben ist, und meistens haben sich dann Schulden aufgetürmt wie nie zuvor.
- Brittas zweites Problem war ihre riskante Freizeitgestaltung. Statt sich ein interessantes Hobby zuzulegen oder sich eine sinnvolle Aufgabe zu suchen, hat sie ihre unausgefüllte freie Zeit mit Shopping verbracht. Wenn man erst einmal weiß, was es alles zu kaufen gibt, dann ist die Wahrscheinlichkeit sehr hoch, dass man auch ständig Dinge sieht, die man plötzlich zu brauchen meint!

Bei Britta war eine wichtige Voraussetzung, um endlich schuldenfrei zu werden, dass sie lernte, sich von den verführerischen Kaufangeboten fernzuhalten und stattdessen ihre Freizeit mit sinnvollen und schönen Beschäftigungen zu füllen.

Peter und Christa haben ihre Schulden in größeren Summen aufgebaut. Christa arbeitete als Sachbearbeiterin bei einer Krankenkasse. Peter hatte sich mit einer Wäscherei und Reinigung selbstständig gemacht. Mit ihren beiden Gehältern hätten sie ganz wunderbar leben können, wenn sie im Rahmen ihrer finanziellen Möglichkeiten geblieben wären. Beide waren jedoch von dem Ehrgeiz getrieben, zu »besseren Kreisen« gehören zu wollen. Sie wurden Mitglieder im Golfclub und umgaben sich mit Freunden, die viel mehr verdienten als sie selbst. Peter und Christa leisteten sich ein Reihenhaus. »Nur« eine Eigentumswohnung zu besitzen, wäre ihnen peinlich gewesen. Schon zwei Jahre nach dem Umzug in die eigenen vier Wände konnten sie die alten Möbel im neuen Haus nicht mehr ertragen. Das Möbelgeschäft bot ihnen günstige Ratenzahlungen an. Mit einem Kleinwagen, womöglich sogar gebraucht, hätten Peter und Christa nicht beim Golfclub vorfahren mögen. Sie kauften sich einen gehobenen Mittelklassewagen. Die Finanzierung lief problemlos mit ebenfalls sehr guten Konditionen über die eigene Bank des Autoherstellers. Dass auch im Alltag ein viel zu teurer Lebensstil gepflegt wurde, versteht sich von selbst. Beide trugen nur Markenkleidung, tranken nur gute Weine, kauften ihre Lebensmittel im Feinkostladen und machten Urlaub in gepflegten 5-Sterne-Hotels. Schließlich kauften sie auch noch einen Wohnwagen für ihre Wochenenden auf Sylt. Auch dieser Kauf wurde finanziert. Christa sagte: »Ich kann besser damit leben, dass mir jeden Monat die Raten abgezogen werden, als dass ich Geld anspare. Außerdem sehe ich nicht ein, dass wir ewig darauf warten sollen, den Wohnwagen zu bekommen.« Das finanzielle Aus begann mit neuen Umweltauflagen für Peters Reinigung. Um sein Geschäft weiterhin führen zu können, hätte er erheblich investieren müssen. Dafür bekam er nun von der Bank leider keinen Kredit. Er musste schließen. Somit war das größere der beiden Einkommen weg. Die Schulden schlugen den beiden über dem Kopf zusammen!

Das Schuldenproblem von Christa und Peter hatte zwei Ursachen:

- Sie wollten mit Freunden mithalten, die viel mehr verdienten als sie selbst und lebten entsprechend »auf zu großem Fuß«.
- Sie erfüllten sich ihre Wünsche stets sofort, statt erst einmal dafür zu sparen. Als dann eine unerwartete hohe finanziel-

le Belastung auf sie zukam, brach ihr Lebensstil zusammen.

Für Christa und Peter führte der Weg aus der Schuldenfalle erst heraus, als sie es schafften, sich bei ihrem Lebensstandard nicht mehr an wohlhabenderen Vorbildern zu orientieren. Außerdem mussten sie lernen, Wünsche nicht sofort zu erfüllen, sondern erst das notwendige Geld anzusparen.

Die hier beschriebenen Beispiele sollen Sie anregen, sich jetzt mit der ersten der vier zentralen Fragen zu befassen: »Wie bin ich in mein Schuldenproblem hineingeraten?« Bitte überlegen Sie, ob auch für Sie eine der oben beschriebenen Ursachen für das Zuschnappen der Schuldenfalle zutrifft:

- Mangelnde Vorsorge für Wechselfälle des Lebens
- Trotz geringer gewordenen Einkommens bei den gewohnten hohen Ansprüchen bleiben
- Geld, das man hat, planlos ausgeben, bis das Konto leer ist und bis in den Dispo hinein
- Shopping als Freizeitgestaltung
- »Mithalten« wollen mit anderen Menschen
- Konsumkredite nach dem Motto: »Kaufe heute, zahle später!«

Bitte überlegen Sie auch:

Mit dem Wissen um Ihr Schuldenproblem von heute: Was hätten Sie früher anders gemacht, um das Problem erst gar nicht zu bekommen?

Als Letztes überlegen Sie:

Welche Ihrer bisherigen Verhaltensweisen oder Gewohnheiten sollten Sie ändern, um Ihre Schulden wenigstens nicht noch zu vergrößern?

Lassen Sie sich nicht von dem Gedanken entmutigen: »Was soll ich mir den Kopf über Vergangenes zerbrechen? Jetzt ist es dafür zu spät.« Verlassen Sie sich darauf, Ihr Unterbewusstes arbeitet bereits kreativ an Lösungsideen. Die Fragen zu den Ursachen Ihres Schuldenbergs sind dabei sehr wichtige Anstöße.

Sind Schulden Schicksal?

Bei den obigen Beispielen waren in erster Linie eigene leichtfertige oder nachlässige Verhaltensweisen für die Schuldenfalle verantwortlich. Vielleicht ist es Ihnen ganz anders ergangen. Vielleicht sind Sie durch einen Schicksalsschlag ins finanzielle Desaster geraten. Bitte schauen Sie sich die folgenden Beispiele an. Auch hierbei handelt es sich um Menschen, die inzwischen wieder herausgefunden haben aus ihren Schulden oder auf dem besten Weg sind, bald wieder schuldenfrei zu sein.

Doreen geriet durch ihre Geschäftsgründung in Schulden. Sie eröffnete in der Innenstadt eine Bäckerei mit Stehcafé. Die Finanzierung lief problemlos über die Bank bei günstigen Konditionen. Die Kunden kamen auch tatsächlich gerne zu ihr. Vor allem mittags hatte sie aus den umliegenden Büros viele Angestellte, die bei ihr Pause machten. Doch dann wurde direkt vor ihrem Café die Straße aufgerissen. Ihre ganze Schaufensterfront verschwand hinter einer Bretterverkleidung. Zunächst blieben ihr die Stammkunden noch treu. Es kamen jedoch keine neuen Kunden hinzu, weil die Fußgänger nun auf der anderen Straßenseite flanierten. Als im Herbst das Schmuddelwetter einsetzte, kamen auch die Angestellten immer seltener. Sie wollten nicht mit ihren Büroschuhen durch den Matsch laufen und verbrachten deshalb ihre Pausen woanders. Als nach Monaten endlich die Baustelle weg war, war auch Doreens Bäckerei weg. Weil die Bank sie nicht mehr unterstützte, musste sie mit großen Schulden aufgeben.

Dietmar hat als Fernfahrer einen verhängnisvollen Fehler gemacht. Er ist mit seinem Gefahrguttransporter von der vorgeschriebenen Route abgewichen, um eine beliebte Raststätte anzufahren. Das hatte er vorher schon x-mal gemacht. Nie ist etwas passiert! Eines Tages jedoch rutschte auf der schmalen Nebenstraße sein LKW in einen Graben. Mit hohem Aufwand mussten Spezialkräfte von Feuerwehr und Technischem Hilfswerk das Fahrzeug bergen und Umweltschäden beheben. Für die Kosten musste Dietmar als Verursacher aufkommen. Die Summe überstieg seine Möglichkeiten bei Weitem. Darüber hinaus kündigte ihm sein Arbeitgeber. Dietmar sah für sich keine Hoffnung mehr, jemals wieder auf einen grünen Zweig zu kommen.

Monika hat dummerweise zugelassen, dass ihr Ehemann auf ihren Namen ein Geschäft eröffnete. Er mietete Laden und Lager in bester Gegend an, richtete alles elegant ein und bestellte bei etlichen Lieferanten Waren in großen Mengen. Als die Kunden ausblieben, verschwand er und ließ Monika auf einem Berg Schulden sitzen.

Bärbel vertraute einem Bekannten, der sich zum Finanzberater hatte umschulen lassen. Zuerst ließ sie sich von ihm neue Versicherungen aufschwatzen, weil ihre bisherigen Verträge angeblich völlig falsch für ihre Lebenslage waren. Danach kaufte sie auf sein Anraten hin eine Wohnung in Berlin, die sich angeblich über Mieteinnahmen und Steuerersparnisse von selbst finanzieren würde. Die Wohnung in dem vergammelten Hochhaus fand jedoch keinen Mieter. Also hatte sie dafür zwar Kosten, jedoch keine Einnahmen. Ihr Versuch, die Wohnung wieder zu verkaufen, scheiterte am derzeit völlig brachliegenden Berliner Wohnungsmarkt. Darüber hinaus nahm Bärbel auf Anraten des Finanzberaters (dem sie immer noch vertraute!) einen hohen Kredit auf, um dieses Geld in einem angeblich sehr sicheren und dabei höchst renditestarken Aktienfonds anzulegen. Im Rahmen der weltweiten Finanzkrise löste sich dieser in Luft auf. Bärbel stand da mit hohen Schulden und einer unverkäuflichen Schrottimmobilie. Der Finanzberater konnte ihr leider auch nicht mehr helfen. Er sei angeblich selbst von den Entwicklungen am Geldmarkt völlig überrascht. Allerdings fährt der immer noch einen schweren BMW!

Rainer machte sich mit einer eigenen Arztpraxis selbstständig. Er richtete sich mit neuester medizinischer Technik ein und musste dann erleben, dass die Einnahmen bei Weitem nicht hoch genug waren, seine Praxis zu finanzieren. Er musste mit Verlust verkaufen und hoch verschuldet als angestellter Arzt bei einem Kollegen arbeiten.

Edith verlor alles, als ihr Mann plötzlich verstarb. Das Haus war nicht abbezahlt und für das Geschäft standen auch noch Verbindlichkeiten aus. Ihr Mann hatte sich kurz zuvor erst selbstständig gemacht und sich noch keinen ausreichenden Versicherungsschutz für die Familie geleistet. Wegen der Kinder hatte Edith ihren Beruf aufgegeben und verfügte somit nicht einmal über ein eigenes Einkommen.

Jochen und Anita lebten glücklich im weitgehend abbezahlten eigenen Haus. Nie waren sie der Bank auch nur eine Rate schuldig geblieben. Es traf sie völlig unerwartet, als ihnen mitgeteilt wurde, ihr Kredit sei an eine amerikanische Bank verkauft worden und binnen kürzester Zeit in vollem Umfang fällig. Zunächst glaubten sie das nicht und nahmen sich einen Anwalt. Der konnte ihnen nicht helfen. Sie mussten das Haus mit Verlust verkaufen und saßen anschließend geschockt und verschuldet in einer kleinen Mietwohnung. Der Stress machte Jochen so krank, dass er nicht mehr arbeiten konnte. Anitas kleines Einkommen reichte vorne und hinten nicht, den Berg Schulden abzutragen.

Dem Landwirt Timmo brannte der gerade erst völlig modernisierte Bullenstall ab. Er hatte sich bei der Finanzierung bis an die Grenzen gewagt, die von der Bank noch mitgetragen wurden. Leider war er nicht ausreichend versichert. Sein Hof stand vor dem Aus!

Diese Beispiele mögen genügen. Schicksalsschläge wie Tod des Partners, schwere Krankheit, Unfall, geschäftlicher Konkurs, böse Folgen eines eigenen Fehlers (Wer von uns macht keine Fehler?), Verlust des Arbeitsplatzes, Gutgläubigkeit gegenüber Finanzberatern oder kriminelle Machenschaften können einen Menschen in den Ruin treiben. Auch wenn Sie sich selbst an Ihrem Finanzproblem völlig unschuldig fühlen, sollten Sie sich mit der ersten der vier zentralen Fragen befassen: Wie bin ich in mein Schuldenproblem hineingeraten?

Bitte überlegen Sie für Ihren Fall genau:

- Hatten Sie eine faire Chance, die Entwicklungen vorauszuahnen oder überhaupt für möglich zu halten?
- Haben Sie an irgendeiner Stelle selbst falsch entschieden oder unklug vertraut, wo Misstrauen besser gewesen wäre?
- Hätten Sie früher merken können, dass sich für Sie ein Schuldenproblem anbahnen würde?
- Hätten Sie etwas tun können, dass es Sie nicht oder wenigstens nicht so hart getroffen hätte?
- Was würden Sie einem lieben Menschen raten, der heute in einer ähnlichen Lage ist oder etwas Ähnliches plant wie Sie damals?

Die fünf Stufen ins finanzielle Desaster ...

In den seltensten Fällen findet sich jemand völlig überraschend und über Nacht in der Schuldenfalle. Fast immer ist es ein längerer Weg dahin. Selbst dann, wenn die Schulden als Folge eines Schicksalsschlags entstanden sind, gab es meistens vorher bereits Versäumnisse. Man hat nicht ausreichend vorgesorgt oder sich nicht ausreichend versichert oder sich nicht ausreichend über mögliche Konsequenzen von Entscheidungen informiert.

In der Regel geht der Abstieg ins finanzielle Desaster über fünf Stufen:

Stufe 1: Sorglos in den Tag hinein leben

Auf dieser Stufe gibt es noch kein Schuldenproblem. Es sind entweder gar keine Schulden vorhanden oder es handelt sich um ganz normale Verbindlichkeiten wie die noch nicht abbezahlte Wohnung. Problematisch ist jedoch die innere Einstellung. In sorgloser Zuversicht, dass die Zukunft so weitergehen wird wie die Gegenwart, wird einfach alles verfügbare Geld verbraucht. Kein Problem, am Monatsende kommt ja die nächste Gehaltszahlung. Es wird kein Geld für eventuelle Notfälle beiseitegelegt. Wovon auch? In dieser Phase denken viele: »Ich kann gar nicht sparen. Dafür reicht mein Gehalt nicht aus. Ich brauche das alles.« Oft kommen von Angehörigen und wohlmeinenden Freunden erste Warnungen: »Halt dein Geld zusammen!« – »Denk daran, dass die Zeiten auch mal anders werden können.« – »Spare in der Zeit, so hast du in der Not.« Solche Warnungen werden gut gelaunt in den Wind geschlagen: »Ich lebe jetzt!« – »Denk doch nicht immer so negativ!« – »Irgendwie geht es immer weiter. Das hat bisher auch immer geklappt.«

Das hohe Risiko, dass für mögliche Schicksalsschläge nicht ausreichend vorgesorgt ist, wird einfach verdrängt!

Stufe 2: Das innere Geldlimit ausweiten

Fast unmerklich geht es meistens von der ersten Stufe zur zweiten über. Oft haben gestiegene Preise oder geringer gewordenes Gehalt die verfügbare Geldmenge verringert. Gleichzeitig sind die Ansprüche und Kaufgewohnheiten jedoch geblieben. Jetzt entsteht eine »gefühlte« Geldknappheit. Es ist ärgerlich, wie oft am Ende des Monats der Geldbeutel leer ist. Es nervt, wenn man immer wieder beim Schaufensterbummel schöne Dinge sieht, für die leider das Geld nicht mehr reicht. Gleichzeitig weiß man aus Erfahrung, dass man bisher immer gut mit seinem Geld ausgekommen ist. Also traut man sich, auch mal ein wenig über die Grenzen zu gehen. Das Konto ist zwar schon leer, aber man hat ja den Dispo. Genau dafür ist der schließlich vorgesehen! Mit der nächsten Gehaltszahlung wird er ja automatisch wieder ausgeglichen.

Das »innere Geldlimit« weitet sich so aus, dass man sich langsam daran gewöhnt, den noch verfügbaren Dispo einfach zum eigenen Geld mitzurechnen. Es sind noch 200,- Euro auf dem Konto? Na ja, inklusive Dispo hat man damit 1200,- Euro. Prima! Außerdem hat man etliche Einkäufe per Kreditkarte bezahlt. Das Karteninstitut holt sich das Geld sowieso erst im nächsten Monat. Bis dahin ist das Gehalt längst da.

Irgendwann reichen die Gehaltszahlungen nicht mehr für den Ausgleich des Dispo oder nur für ein paar Tage, weil man ja auch noch im neuen Monat für Lebensmittel, Monatskarte etc. Geld braucht. Schön ist es nicht, inzwischen ständig »in den Miesen« zu hängen, aber so richtig schlimm ist es auch nicht: Es stehen ja noch Urlaubsgeld und Steuerrückzahlungen aus! Damit wird das Konto wieder in die schwarzen Zahlen kommen und alles ist gut.

Auf dieser Stufe meldet sich bei den meisten Menschen zum ersten Mal das schlechte Gewissen. Ihre eigene innere Stimme sagt ihnen: »Du gehst mit deinem Geld zu nachlässig um!« Doch auch diese Warnung wird munter in den Wind geschlagen: »Ach was, ich konnte noch nie mit Geld umgehen.« Es wird einfach als Teil der eigenen Persönlichkeit gesehen. Damit muss man halt leben wie mit anderen liebenswerten Macken auch. Irgendwie ist es doch auch nett, wenn man nicht zu den Menschen gehört, die immer so verkniffen am Geld festhalten und geizig sind. Nicht wahr?

Stufe 3: Leben auf Pump

Der Übergang von Stufe 2 zu Stufe 3 geschieht unmerklich. Das ständige Minus auf dem Konto ist längst zur Gewohnheit geworden. Es ist auch Gewohnheit, sich Wünsche stets sofort zu erfüllen. Kein Problem. Ob es um die Anschaffung einer neuen Sitzgarnitur geht oder um eine neue Lederjacke, um einen Urlaub oder um eine Schönheitsoperation, überall lassen sich bequeme Ratenzahlungen vereinbaren. Das neue Sofa kostet pro Monat nur 19,- Euro! Was sind schon 19,- Euro? Das ist doch ein Klacks! Manchmal ist nicht einmal eine sofortige Anzahlung erforderlich. Man muss erst nach sechs Monaten mit der ersten Rate beginnen oder sogar noch später!

Weil die Raten oft so niedrig sind, kommen einem viele Dinge fast wie geschenkt vor. Auf der anderen Seite muss man manches auch dann noch abbezahlen, wenn es schon längst den Neuwert verloren hat. Die Lederjacke ist noch nicht bezahlt, da hängen schon wieder neue, modischere Modelle im Schaufenster. Der letzte Urlaub kostet immer noch, da blättert man schon wieder in den Katalogen und schmiedet Pläne für die nächste Reise.

Dieses Leben auf Pump scheint für viele Menschen heutzutage ganz normal zu sein. Das kann bei stetigem Gehalt durchaus lange gut gehen. Aber: Wehe, wenn jetzt ein Schicksalsschlag einen Strich durch die Rechnung macht! Wer zum Beispiel den Job verliert oder nur einmal länger krank ist, stürzt über Nacht ins finanzielle Loch.

Jetzt kommen dringendere Warnungen von Angehörigen und Freunden: »Du lebst über deine Verhältnisse!« – »Bezahl doch erst mal alles ab, bevor du Neues kaufst.« Solche Warnungen nerven und werden empört zurückgewiesen: »Kümmere dich um deine eigenen Angelegenheiten!« – »Nur weil du selbst so geizig bist und dir nie was gönnst, brauchst du mir ja nicht die Freude zu verderben!« Die Abwehr gut gemeinter Ratschläge erfolgt deshalb oft in gereiztem Ton, weil das eigene Unterbewusstsein bereits gelegentlich warnt: »Das ist zu riskant, wie du mit dem Geld umgehst!« Aber man will es nicht wahrhaben. Man will nicht auf die Erfüllung seiner Wünsche verzichten.

Stufe 4: Von Mahnung zu Mahnung durchhangeln

Irgendwann geht der Überblick über die vielen Raten und offenen Rechnungen verloren. Irgendwann hat man so viel gekauft, bestellt und abonniert, dass das Einkommen nicht mehr reicht. Oder das Einkommen hat sich unerwartet reduziert, zum Beispiel durch Jobverlust, Scheidung oder einen anderen Schicksalsschlag. Das verfügbare monatliche Budget reicht vorne und hinten nicht mehr. Ab jetzt ist Geld ein Stressfaktor. Jeden Tag stellt sich ein flaues Gefühl in der Magengrube ein, wenn man im Briefkasten nach der Post sieht. Sind Mahnungen dabei? Wie hoch? Was kann man davon noch aufschieben?

In dieser Phase sitzt man irgendwann plötzlich im Dunkeln, weil man mit der Stromrechnung zu lange gezögert hat. Oder man nimmt das Geld, das eigentlich für die Miete bestimmt ist, erst einmal für dringendere Mahnungen. Jetzt schaut man vielleicht schon in die Sparschweine der Kinder, wie viel da noch zu holen ist. Es werden sogar Schulden gemacht, um Schulden zu bezahlen. Man pumpt die Freundin an, bittet die Oma um einen Zuschuss und sorgt dafür, dass der Dispo in einen normalen Kredit umgewandelt wird. Das ist in Sachen Zinsen viel günstiger und gibt neuen finanziellen Spielraum. Aus Verzweiflung reagiert man sogar auf das reißerische Inserat eines Kreditvermittlers: »Niemand leiht Ihnen Geld? Wir schon! Bis zu 4000,- Euro sofort, auch ohne Sicherheiten und ohne lästigen Bankbesuch!«

Geldsorgen lassen einen nachts aus dem Schlaf hochschrecken. Wie soll man bis zum Monatsende hinkommen? Was ist, wenn der schöne Fernseher oder gar das Auto abgeholt werden? Ob der Gläubiger XY einem womöglich ein Inkassobüro auf den Hals hetzt? Was soll man tun, wenn der Gerichtsvollzieher vor der Tür steht? Um überhaupt schlafen zu können, braucht man bald Tabletten oder zumindest zwei Gläser Wein. Der Stress mit den offenen Rechnungen nimmt so zu, dass man es nicht mehr aushält. Irgendwann werden Briefe einfach nicht mehr aufgemacht. Zuerst stapeln sie sich noch auf der Küchenfensterbank. Man wird sich später darum kümmern, wenn man die Nerven dazu hat. Irgendwann packt man den ganzen Kram und lässt ihn in einer Schublade verschwinden. Weg damit!

Stufe 5: Hoffnungslose Überschuldung

Die Schuldenfalle ist zugeschnappt. Jetzt sitzt man drin und weiß nicht, wie man wieder herauskommt. Zu diesem Zeitpunkt wissen die meisten Betroffenen nicht einmal genau, wie hoch ihre Schulden sind und bei wem sie überall in der Kreide stehen. Sie fühlen sich überfordert, weil sie längst den Überblick über die eigene Lage verloren haben. Sie fühlen sich allein, als gehörten sie gar nicht mehr zur Gesellschaft! Es ist demütigend, das eigene Leben so in den Sand gefahren zu haben. Scham, Verzweiflung und Angst vor der Zukunft nehmen der Seele die letzte Kraft.

Allerdings habe ich sehr oft erlebt, dass es Betroffenen auf der 5. Stufe endlich gelang, ihr Schuldenproblem doch noch in den Griff zu bekommen. Es ging ihnen irgendwann »schlecht genug«, dass sie sich sagten: »Ich halte das nicht mehr aus! So will ich nicht mehr leben! Jetzt werde ich kämpfen!« Das ist der heilsame Zorn, der einen antreibt, aktiv zu werden und endlich die finanziellen Probleme zu lösen. Und dann klappt das auch!

Abgesehen von den fünf beschriebenen Stufen ins finanzielle Desaster kommen häufig auch zwei ganz andere Wege in die Schuldenfalle vor:

- Bei Männern entstehen Schuldenberge häufig durch fehlgeschlagene Investitionen in eigene Geschäftsgründungen. Der Mann hat an seine gute Geschäftsidee und an sein Erfolgstalent geglaubt, hat sich Kredite bei der Bank geholt und einen Laden aufgemacht, eine Firma gegründet oder sich als Handwerker selbstständig gemacht. Wider Erwarten laufen die Geschäfte dann doch nicht so gut. Entweder kommt zu wenig Kundschaft oder die Kunden treiben ihn mit ihrer schlechten Zahlungsmoral in den Ruin. Anstatt schnell die Reißleine zu ziehen und die Schulden wenigstens begrenzt zu halten, wird immer neu investiert und auf bessere Zeiten gehofft, bis das Aus mit einem Riesenberg Schulden unvermeidlich ist.
- Bei Frauen entstehen Schulden häufig dadurch, dass Frauen viel zu lange – oft sogar wider besseren Wissens! – Männer finanziell unterstützen. Die Ehefrau unterschreibt eine Bürgschaft für die Geschäftsgründung des Gatten oder hilft ihrem spielsüchtigen Mann immer wieder mit neuem Geld. Die Oma lässt sich vom Enkel um den Finger wickeln, steckt ihm immer wieder ein Scheinchen zu und hofft, dass der Junge irgendwann doch noch von den Drogen loskommt, eine Ausbildung macht und sein Leben in die Hand nimmt. Das passiert natürlich nicht, bis alles Geld weg ist und die Oma auch noch Schulden gemacht hat für den Jungen.

Nachdem Sie sich oben bereits mit der Frage nach den Ursachen für Ihr Schuldenproblem befasst haben, kommt nun die zweite der vier zentralen Fragen: »Wo stehe ich jetzt?«

Bitte überlegen Sie, auf welcher der fünf Stufen Sie sich zur Zeit befinden.

- Haben Sie Ihre Schulden selbst verursacht oder sind Sie durch Ihre »Gutherzigkeit« ins finanzielle Desaster geraten?

- Werden Ihre Schulden zur Zeit noch größer? Kleiner? Bleiben sie gleich?
- Auf welcher Stufe stehen Sie Ihrer Einschätzung nach?
- Wie managen Sie Ihren Alltag finanziell?
- Wo und wie erleben Sie besonders stark den Mangel?
- Haben Sie Menschen, mit denen Sie offen über Ihre Probleme reden können? Was raten die Ihnen? Wie gehen Sie mit deren Ratschlägen um?
- Sind Sie bereits zornig genug über Ihre aktuelle Lage, um gegebenenfalls auch Schwierigkeiten in Kauf zu nehmen, um sie zu verändern?
- Was haben Sie schon versucht, um Ihr Schuldenproblem zu lösen? Was hat es gebracht?

... und der Lichtblick am Ende des Tunnels

Von Goethe wird der Satz überliefert: »Erfolg hat drei Buchstaben: TUN.« Auch wenn Sie tief in der Schuldenfalle stecken, gibt es für Sie einen Weg hinaus. Sie müssen allerdings etwas dafür tun! Sie werden sehr schnell einen Lichtblick am Ende des Tunnels sehen, wenn Sie sich entschließen, ab sofort nicht mehr verzweifeltes Opfer Ihrer aktuellen Misere zu sein, sondern tatkräftige Managerin oder Manager Ihres Finanzproblems. Am liebsten wäre es Ihnen natürlich, wenn ein Wunder geschähe oder wenn der Lottogewinn käme, der Sie sofort von ihren Schulden erlöst. Sie träumen von einem ausgeglichenen Konto, von einem Briefkasten ohne Mahnungen, von Geld, das bis zum Monatsende reicht, vom Sparpolster, das für Sie die finanziellen Härten der Wechselfälle des Lebens abfedert. Sie sehnen sich danach, wieder unbelastet von Geldsorgen so zu leben wie Ihre Freunde und Kollegen.

Über Nacht werden Sie Ihre Schulden nicht loswerden. Es wird, je nach Größe des Schuldenbergs und nach Ihren finanziellen Möglichkeiten, eine gewisse Zeit dauern. Dennoch können Sie schon sehr schnell sehr viel unbelasteter leben. Vergleichen Sie es mit dem Abnehmen. Wenn Sie zum Beispiel zwanzig Kilo Übergewicht haben, dann möchten Sie am liebsten auch über Nacht zur Idealfigur kommen. Sie müssen jedoch langsam, ein Kilo nach dem anderen, abbauen. Und dennoch werden Sie erleben, dass das Glücksgefühl nicht erst bei Erreichen des Ziels einsetzt, sondern schon mit dem ersten verlorenen Kilo beginnt! Das wird Sie motivieren, dranzubleiben. Jedes verlorene Kilo bedeutet neues Selbstbewusstsein und gute Laune.

Mit dem Schuldenabbau ist es ebenso. Ihre große Erleichterung, das Ende Ihrer Ängste, das Selbstbewusstsein, es zu schaffen und überhaupt alle positiven Gefühle in diesem Zusammenhang setzen ein, sobald Sie erste Erfolge sehen. Probieren Sie es aus. Der Lichtblick am Ende des Tunnels zeigt sich verblüffend schnell! Werden Sie aktiv für Ihr Ziel: Weg mit den Schulden!

Was aus der Schuldenfalle herausführt und was nicht

So kommen Sie nicht aus der Schuldenfalle

Sicherlich haben auch Sie bereits verschiedene Versuche unternommen, sich endgültig von ihren Schulden zu befreien oder wenigstens in akuten Engpässen schnell wieder flüssig zu werden. Bitte schauen Sie sich die hier angeführten Beispiele von häufigen Problemlösungsversuchen von Menschen in der Schuldenfalle an. Leider sind alle diese Versuche keine wirklichen Lösungen. Manche können das Schuldenproblem nur im Augenblick etwas weniger drückend erscheinen lassen. Andere reißen sogar ein viel größeres finanzielles Loch, und führen so wie auf einer Spirale immer tiefer ins Desaster.

Weiteres Geld leihen

Es ist menschlich verständlich, wenn Sie sich bei einem akuten finanziellen Engpass schnell mal etwas Geld leihen. Wenn Sie sich zum Beispiel bei einer Freundin 100,- Euro leihen, weil am Ende des Monats wirklich nichts mehr im Portemonnaie ist, dann ist das im Moment eine Hilfe. Das Geld fehlt Ihnen jedoch im nächsten Monat. Bedenken Sie auch, dass Sie durch Anpumpen von anderen Gefahr laufen, Ihre sozialen Beziehungen zu zerstören! Freunde mögen Sie nicht im Stich lassen, wenn Sie um kleinere Beträge bitten. Sie geben Ihnen scheinbar gerne das Geld. Es nervt sie in Wirklichkeit trotzdem. Vor allem, wenn Sie nicht von sich aus pünktlich das Geliehene erstatten, machen Sie sich äußerst unbeliebt! Ihre Freunde hassen es, Sie später darauf ansprechen zu müssen: »Du, kannst du mir die 100,- Euro wiedergeben? Ich brauche sie jetzt selbst.« Die Person, die so nett war, Ihnen Geld zu leihen, hat bei der Bitte um Rückgabe ein schlechtes Gewissen. Sie kommt sich jetzt selbst mies und »geldgierig« vor. Um diese unangenehme Situation in Zukunft zu vermeiden, meiden Ihre Freunde in Zukunft Sie! Vor allem gegen Ende des Monats, wenn es bei Ihnen erfahrungsgemäß knapp wird, ziehen die Freunde sich zurück oder sind am Telefon nicht zu erreichen.

Ein zweiter Grund spricht dagegen, dass Sie sich gelegentlich kleinere Geldsummen bei Freunden, Kollegen und Angehörigen leihen: Sie vergrößern Ihr Schuldenchaos! Zunächst glauben Sie noch, sich merken zu können, wem Sie welche Beträge schulden, aber Sie verlieren spätestens dann den Überblick, wenn Sie sich erneut etwas ausleihen müssen, bevor das Geld vom letzten Mal zurückgezahlt ist. Ihre Gläubiger dagegen wissen es, bezogen auf die eigene Person, ganz genau! Sie sagen vielleicht nichts, sind jedoch wütend!

Beispiel: Ricarda hat im Laufe der letzten Wochen bei mir die Beträge von 20,- Euro (wir standen zusammen bei Aldi an der Kasse, und ihr Geld reichte nicht), 45,- Euro (Tanken), 10,- Euro (Praxisgebühr) und 100,- Euro (Zuschuss für die fällige Miete) geliehen. Davon hat sie inzwischen 70,- Euro nach der letzten Gehaltszahlung zurückgezahlt. Den Rest, sagte sie, würde ich nächsten Monat bekommen. Ich bin sicher, dass sie gar nicht mehr genau weiß, wie viel sie mir noch schuldet. Außerdem steht sie zumindest auch noch bei Elke, Monika und ihrer Schwester Ramona in der Kreide.

Gegen das Geldleihen, um Engpässe schnell mal zu meistern, spricht zudem das Risiko für die eigene Seele. Zuerst ist es Ihnen noch unangenehm, Freunde und Bekannte anzupumpen. Leider gewöhnt man sich ganz schnell daran! Von Mal zu Mal geht es Ihnen leichter über die Lippen: »Du, ich bin gerade knapp bei Kasse und muss … bezahlen. Kannst du mir … leihen? Du bekommst es auch ganz bestimmt zum … zurück!« Ihr Unterbewusstes jedoch schämt sich weiterhin.

Ohne dass Sie es merken, greift das »Gebettel« bei anderen und die Pflicht, dankbar sein zu müssen, Ihre Selbstachtung an. Das ist der wichtigste Grund, warum Menschen in der Schuldenfalle ein hohes Risiko haben, zusätzlich auch noch depressiv zu werden und ihr Selbstwertgefühl zu verlieren!

Geschäfte mit Kreditvermittlern machen

Um nicht bei Freunden, Kollegen und Angehörigen um Geld bitten zu müssen, könnten Sie auf die Idee kommen, sich an einen Kreditvermittler zu wenden. Das ist der sichere Weg ins noch tiefere finanzielle Desaster!

Kreditvermittler sind auf Menschen mit Finanzproblemen spezialisiert. Sie wissen, dass Menschen in geordneten finanziellen Verhältnissen Kredite von seriösen Banken und Sparkassen bekommen können oder es gar nicht nötig haben, Kredite zu nehmen. Kreditvermittler machen einen Reibach mit Menschen, die schon Schulden haben und denen die Schulden bereits über den Kopf zu wachsen drohen. Die Werbung von Kreditvermittlern finden Sie zwischen anderen Kleinanzeigen von Zeitschriften oder als Pop up im Internet oder sogar schon im Fernsehen. Immer klingt es wie ein wohltuendes Angebot zur Rettung aus misslicher Lage. Da heißt es zum Beispiel: »Niemand leiht Ihnen Geld? Wir schon! Auf Wunsch auch ohne Schufa-Information. Rufen Sie an! Bis zu 4000,- Euro, ohne Probleme und ohne lästigen Bankbesuch.« Ein glücklich lächelndes Ehepaar wird eingeblendet, oder eine attraktive junge Frau mit schicken Einkaufstüten sagt: »Endlich wieder einkaufen können! Und dabei ist sogar noch Geld übrig geblieben!« Die Werbung suggeriert, dass es für schicke moderne Menschen von heute absolut normal ist, sich bei diesem Kreditvermittler das notwendige Geld für einen angenehmen Lebensstil zu holen. Das ist jedoch Unsinn. Solche Kreditvermittler verdienen ihr Geld mit Menschen in finanzieller

Not. Sie bieten ihnen eine Scheinlösung für ihr Problem und stoßen sie dabei nur noch tiefer hinein!

Unendlich freundlich wird Ihnen heute der Kredit gewährt und morgen ein Wucherzins abgeknöpft oder ein brutal arbeitendes Inkassobüro ins Haus geschickt!

Spekulation am Geldmarkt über einen Anlageberater

Weil heute so viele Menschen tief in Schulden sitzen, hat sich eine finstere Zunft von angeblichen Rettern am Markt etabliert. Sie nennen sich »Anlageberater«, »Finanzberater« oder »Finanzcoach«. Leider sind diese Berufsbezeichnungen nicht geschützt. Selbstverständlich gibt es seriöse Anlage- und Finanzberater. Allerdings arbeiten diese in der Regel nicht mit verschuldeten, sondern mit vermögenden Menschen. Ein »Finanzberater«, der Ihnen anbietet, durch Gewinne aus lukrativen Anlagegeschäften Ihre Schulden zu beseitigen, ist mit Sicherheit ein Lügner. Er will, dass Sie in Ihrer Verzweiflung letzte Geldreserven lockermachen. Damit wird er angeblich in den USA oder in Nigeria oder sonst wo Anlagegeschäfte mit astronomischen Renditen tätigen. Er verspricht Ihnen das Blaue vom Himmel und geht letztlich doch nur mit dem Geld durch.

Vielleicht wird er Sie erst auch »anfüttern«, um am Ende noch mehr aus Ihnen herauszuholen. »Anfüttern« bedeutet, dass Sie dem windigen »Finanzberater« zum Beispiel 300,- Euro zum Anlegen geben. Schon nach wenigen Tagen steht er mit 650,- Euro vor Ihnen. Angeblich ist es ihm bereits gelungen, Ihr Geld zu verdoppeln. Nun wird er Sie überzeugen, diese 650,- Euro am besten sofort wieder anzulegen. Kurz darauf hat sich auch diese Summe verdoppelt. In Ihrer Begeisterung und von dem Gauner psychologisch geschickt manipuliert, besorgen Sie nun 3000,- Euro von Ihrer Freundin, 5000,-

Euro von Ihrer Mutter und 1000,- Euro von Ihrem Bruder. Jetzt wollen alle blitzschnell ihre Barschaft verdoppeln, wo es doch bei Ihnen auch so gut geklappt hat. Mit dem Geld in der Tasche verschwindet der tolle »Finanzberater« auf Nimmerwiedersehen. Sie haben nicht nur noch mehr Schulden als zuvor, Sie haben sich auch noch bei Ihren Freunden und Angehörigen äußerst unbeliebt gemacht!

Ähnliches gilt auch für windige »Schuldnerberater«. Auch unter dieser Bezeichnung tummeln sich zur Zeit etliche Betrüger. Sie versprechen, Ihnen aus den Schulden herauszuhelfen, reißen Sie jedoch durch hohe Honorare und Gebühren tiefer ins finanzielle Desaster. Wenn Sie professionelle Hilfe in Anspruch nehmen wollen, dann bitte nur über seriöse Anbieter. Sie finden Hilfe bei staatlichen Schuldnerberatungsstellen, bei Diakonie und Caritas oder über die Verbraucherzentralen.

Zukünftiges Geld einplanen

Es gibt zwar immer wieder Geschichten von Menschen, die tief in Schulden versackt waren und dann plötzlich durch eine Erbschaft von allen Geldsorgen erlöst werden. Diese Geschichten werden gerne erzählt, weil sie tiefe Sehnsüchte von Menschen mit Geldproblemen ansprechen. Sehr viel häufiger könnte man jedoch Geschichten von Schuldnern erzählen, die sich fest auf eine Erbschaft verlassen haben, die dann nicht kam! Vielleicht lebt die Erbtante so lange im Heim, bis ihr ganzes Vermögen verbraucht ist. Vielleicht ärgert sich der Erbonkel über Sie und streicht Sie doch noch aus dem Testament. Vielleicht wird die alte Mutter Opfer eines windigen Finanzberaters und verliert dabei das Geld, mit dem Sie sicher gerechnet haben. Wenn Sie zur Zeit in Schulden sitzen, dann lösen Sie Ihr Problem so schnell wie möglich selbst, statt auf den »großen Geldsegen« zu warten.

Dispo in Normalkredit verwandeln

Der eigentlich sehr nützliche Dispo-Kredit wird nicht zu Unrecht gerne als »Einstiegsdroge für eine Schuldnerkarriere« bezeichnet. Wenn Sie den Dispo mal ausnahmsweise nutzen, um einen vorübergehenden Engpass zu überbrücken, ist es zwar teuer wegen der anfallenden Sollzinsen, jedoch noch in Ordnung. Die Sache wird riskant, wenn Sie den Dispo nicht mehr bereinigen können und schließlich in einen normalen Kredit umwandeln. Zunächst klingt es klug, weil es Ihnen bessere Zinsen einräumt. Tatsächlich ist es sehr riskant. Sie stecken schnell erneut im Minus, verwandeln den Dispo dann wiederum in einen Normalkredit und so weiter. Die Bank zieht mit, weil Sie einen festen Arbeitsplatz haben oder eine Eigentumswohnung oder sonst wie Sicherheiten bieten können. Fast unmerklich zieht es Sie jedoch immer tiefer in die Schulden. Sie könnten arbeitslos oder wegen einer Krankheit arbeitsunfähig werden. Und dann? Was ist, wenn eines Tages die bisher so entgegenkommende Bank plötzlich verlangt, dass Sie den langsam aufgebauten Kredit sofort zurückzahlen? Müssen Sie sich dann von der geliebten, aber schwer belasteten Wohnung trennen?

Gutes Geld schlechtem hinterherwerfen

Wenn Sie zum Beispiel durch Glücksspiel im Kasino, in der Spielhalle oder im Internet in die Schuldenfalle geraten sind, dann könnten Sie versucht sein, mit immer neuen Einsätzen die bisherigen Verluste wieder einzuspielen. Sie besorgen sich womöglich auf Pump neues Geld und hoffen, endlich eine Glückssträhne zu erwischen. Das nennt man: »Gutes Geld schlechtem hinterherwerfen«.

Dieses Phänomen gibt es auch noch in anderen Varianten: Meine Bekannte Petra, Sozialarbeiterin, wurde arbeitslos. Sie konnte die Raten für ihre Wohnung nicht mehr bezahlen und hatte außerdem noch weitere Kredite (Auto und Möbel) offen. Als sie auch nach mehr als dreißig Bewerbungen trotz guter Qualifikation keinen neuen Job fand, war sie verzweifelt vor lauter Geldsorgen. Sie entschloss sich zu einer Zusatzausbildung, um ihre Chancen auf dem Arbeitsmarkt zu steigern. Sie investierte mehr als 2000,- (geliehene!) Euro und erwarb einen Abschluss als geprüfte Trainerin für Rhetorik. Auch damit bekam sie keinen neuen Job. Danach ließ sie sich als »Wechseljahrsberaterin« ausbilden. Auch das kostete Geld, brachte jedoch keinen neuen Job. Sie hatte gutes Geld schlechtem hinterhergeworfen und dennoch ihr finanzielles Problem nicht gelöst.

Ähnlich erging es Boris. Nach seinem Konkurs als selbstständiger Parkettverleger überredete er seine Mutter, eine Hypothek auf ihr Haus aufzunehmen und ihm einen Laden für Parkettverlegerbedarf einzurichten. Nach der Pleite mit dem Laden schulte er auf Kosten der Mutter (weitere Hypothek) um und wurde Koch und Restaurantfachmann. Die Mutter half ihm anschließend, eine eigene Kneipe zu eröffnen. Heute sind Mutter und Sohn völlig überschuldet.

Schwarzarbeit

Es gibt viele Möglichkeiten, mit Schwarzarbeit schnell Geld zu verdienen. Lassen Sie lieber die Finger davon! Es soll an dieser Stelle gar nicht von Moral geredet werden. Viel wichtiger ist, dass Sie sich der persönlichen Risiken bewusst sind. Sie könnten verunglücken und haben keinen Versicherungsschutz. Sie könnten angezeigt werden und haben dann womöglich auch noch eine Vorstrafe am Hals. Sie könnten erpresst werden, dass man Sie verpfeifen würde, sollten Sie bei illegalen Aktionen nicht mitziehen.

Letzteres ist einer Kollegin von mir passiert. Sie hat nach

Feierabend schwarz an der Bar in einer Diskothek gearbeitet, um endlich von ihren Schulden loszukommen. Es dauerte nicht lange und man drängte sie, sich am Handel mit gefälschter Markenkleidung zu beteiligen, dem Nebengeschäft des Barbesitzers. Monatelang lebte sie in Angst und Schrecken, eines Tages mit Handschellen abgeführt zu werden! So schlimm ist es nicht gekommen, aber die Sache war ihr eine Lehre fürs Leben. Heute ist sie froh, letztlich ganz legal durch ein begleitetes Insolvenzverfahren zu gehen und wenigstens wieder ruhig schlafen zu können.

Sascha hat ebenfalls versucht, mit Schwarzarbeit Geld für seine drückenden Raten zu verdienen. Er hat sich als Handwerker verdingt und zum Beispiel bei Renovierungen oder Umbauten die Klempnerarbeiten gemacht. Eines Tages ist ihm dabei leider ein großer Wasserschaden in einer Villa passiert. So kamen zu seinen bisherigen Schulden noch einmal Forderungen von etwa 30.000,- Euro hinzu! Als Schwarzarbeiter hatte er ja keine Berufshaftpflichtversicherung.

Bitte überlegen Sie an dieser Stelle, ob auch Sie bereits versucht haben, auf einem der hier beschriebenen Wegen aus der Schuldenfalle zu entkommen. Was hat es Ihnen eingebracht? Was sollten Sie vorsichtshalber nie wieder versuchen?

So führt Ihr Weg aus den Schulden heraus

Dass so viele Versuche zur Schuldenbewältigung vergeblich bleiben, liegt an der zumeist falschen Denkweise und an zu kurz gedachten Lösungen. Die Schulden sind oft so drückend, dass der gestresste Schuldner kaum noch langfristig denken kann, sondern nur für jetzt und sofort eine Lösung sucht: »Heute kommt der Gerichtsvollzieher. Was mache ich bloß?« – »Der Kühlschrank ist leer. Was soll ich die letzten Tage des Monats essen?« – »Nächste Woche ist die Miete fällig. Wie soll ich die bezahlen?« In purer Not muss schnell eine Erleichterung her, und die ist dann zum Beispiel durch Leihen von Geld keine Lösung des Problems, sondern nur ein kurzer Aufschub und letztlich eine Vergrößerung der Schulden.

Die falsche Richtung des Denkens besteht darin, dass sich viele Schuldner bloß fragen: »Woher kann ich neues Geld bekommen?« In die richtige Richtung gedacht wäre es besser, sich zu überlegen: »Wie baue ich mit den mir verfügbaren finanziellen oder anderen Mitteln meine Schulden ab?«

Sie erinnern sich an die oben erwähnten vier zentralen Fragen in der Schuldenfalle:

1. Wie bin ich in mein Schuldenproblem hineingeraten?
2. Wo stehe ich jetzt?
3. Wie komme ich wieder heraus aus den Schulden?
4. Wie sichere ich ab, dass mir das nie wieder passiert?

Die erste und teilweise auch schon die zweite Frage haben Sie bereits bearbeitet. Jetzt geht es um die dritte Frage, wie Sie aus Ihren Schulden wieder herauskommen. »Ich brauche neues Geld« wäre die falsche Antwort, weil es kaum Möglichkeiten gibt, neues Geld zu bekommen, ohne dabei die Schuldenlast zu vergrößern!

Ihr Weg aus der Schuldenfalle führt über fünf Schritte:

Schritt 1: Überblick über die eigene Finanzlage

Hierbei werden Antworten auf die zweite der obigen Fragen gefunden. Sie stellen fest, welche Schulden Sie genau in welcher Höhe bei wem haben. Sie gehen Ihren Einnahmen und Ausgaben auf den Grund und wissen somit genau, wie Ihr aktueller finanzieller Stand ist. Dieser klare Überblick über die Realität macht Sie fit für den nächsten Schritt.

Schritt 2: Strategie zur Entschuldung

Beim zweiten Schritt geht es um die Antwort auf die dritte Frage. Sie entwickeln einen Vorgehensplan, wie Sie sich auf der Basis Ihrer finanziellen Möglichkeiten langsam, aber sicher entschulden können. Lassen Sie sich jetzt nicht vom hohen Berg der Schulden und den im Vergleich dazu geringen finanziellen Möglichkeiten entmutigen. Wichtig ist nicht, schnell viele Schulden abzutragen, sondern erst einmal überhaupt in die richtige Richtung zu gehen, notfalls Millimeter für Millimeter.

Schritt 3: Verbesserter Umgang mit dem verfügbaren Geld

Nach dem Motto »Etwas besser geht immer« werden Sie Ihren alltäglichen Umgang mit dem Geld optimieren. Es ist in der Regel unmöglich, mit dem gleichen Ausgabenverhalten wie bisher tatsächlich aus den Schulden herauszukommen und dauerhaft schuldenfrei zu bleiben.

Schritt 4: Planerisches Einteilen des Budgets

Wenn Sie den vierten Schritt Ihrer Anti-Schulden-Strategie erreicht haben, sehen Sie unweigerlich schon ganz deutlich die ersten Erfolge. Sie werden nicht mehr von Geldsorgen gestresst sein, sondern finden zunehmend Spaß daran, Ihre Finanzen im Griff zu haben. Jetzt wollen Sie, dass das so bleibt, und werden sich in der Kunst des Budgetierens üben. Damit tun Sie genau das, was jeder Manager auch tut: planen und managen. Je professioneller Ihnen das gelingt, desto besser kommen Sie mit Ihrem Geld aus und werden vermutlich sogar schneller als gedacht Ihre noch verbliebenen Schulden los.

Nicht nur das! Sie können dann auch wieder positiv in die Zukunft sehen und sich Ziele setzen, die vorher aus Mangel an Geld außerhalb Ihrer Reichweite waren. Durch das Budgetieren sichern Sie sich dauerhaft ab, sodass Sie nie wieder in die Schuldenfalle hineingeraten.

Vielleicht ist das Thema Schuldenabbau für Sie bereits mit dem vierten Schritt abgeschlossen. Falls nicht, gehen Sie auch den fünften Schritt.

Schritt 5: Hilfsangebote annehmen

Es gibt sehr gute Hilfsangebote, die Ihnen bei speziellen Problemen helfen können. Sie prüfen im fünften Schritt, ob Sie solche Hilfe in Anspruch nehmen sollten. Wenn ja, dann tun Sie das so schnell wie möglich. Verzichten Sie gegebenenfalls auf den falschen Ehrgeiz, alles allein regeln zu wollen. Geben Sie lieber ausgebildeten Profis eine Chance! Egal, um welches spezielle Problem es bei Ihnen geht, die Experten kennen ähnliche Fälle und haben ihre Erfahrungen, wie man auch die schwierigsten »Nüsse knackt«. Lassen Sie sich helfen! Fassen Sie jetzt den festen Entschluss: »Ich will aus meinem Schuldenloch raus!« Machen Sie mit dem folgenden Kapitel den ersten Schritt.

Packen Sie es an: In 5 Schritten raus aus den Schulden!

Schritt 1: Verschaffen Sie sich einen Überblick über Ihre Finanzlage

Im ersten Schritt Ihres Weges aus den Schulden verschaffen Sie sich einen Überblick darüber, wie es jetzt im Einzelnen um Ihre Finanzlage steht. Dabei geht es um drei Punkte:
1. Welche Schulden haben Sie genau?
2. Welche Einnahmen haben Sie?
3. Welche Ausgaben haben Sie?

Zu diesen drei Punkten müssen Sie die Zahlen kennen. Das ist die Basis für Ihre anschließend zu entwickelnde Entschuldungsstrategie.

Dieser erste Schritt ist für die meisten Menschen der schwierigste. Vielleicht geht es Ihnen ebenso. Das Überwinden des »inneren Schweinehundes« ist oft ein psychischer Kraftakt bei Vorhaben, zu denen man eigentlich keine Lust hat. Drei Gründe können es Ihnen unangenehm machen, sich den Überblick über Ihre aktuelle Finanzlage zu verschaffen:

1. Die Aufgabe ist langweilig
In erster Linie handelt es sich um reine Büroarbeit. Sie müssen Papiere sichten, ordnen und richtig werten. Sie werden Formulare anlegen, Zahlen ermitteln und berechnen.

2. Die Inhalte sind unerfreulich
Etliche der Schreiben, die Sie bisher vielleicht einfach beiseitegelegt oder nicht einmal gelesen haben, sind in harschem Ton verfasst, womöglich sogar drohend. Sie sind darauf angelegt, Sie unter Druck zu setzen, Ihnen Schuldgefühle zu machen.

3. Sie müssen sich einer unangenehmen Wahrheit stellen
Sie wissen schon vorher, dass das, was Sie letztlich an Ergebnissen vor sich haben werden, Ihnen nicht gefallen wird. Sie werden genau wissen, wie viel Schulden Sie noch haben, wer Ihnen bereits Ihre Säumigkeit verübelt und wie knapp Ihr Budget ist, mit den Schulden schließlich fertig zu werden.

Kein Wunder, dass Sie zunächst vor dem ersten Schritt zurückschrecken oder ihn am liebsten auf morgen, nächste Woche oder noch später verschieben möchten. Sie können sich jedoch darauf verlassen, dass es Ihnen nach dem ersten Schritt seelisch viel besser gehen wird als jetzt. Das sagen alle Schuldner, die sich aufgerafft haben, den inneren Schweinehund zu überwinden und die Sache anzupacken. Ein Großteil der seelischen Belastung durch Schulden besteht darin, dass man zwar »irgendwie« weiß, dass man große finanzielle Probleme hat, diese jedoch nicht so ganz genau überblickt. Auch wenn man die Wahrheit verdrängt und den Kopf in den Sand steckt, bleibt im Unterbewussten die ständige Angst vor dem Moment, in dem einem das ganze Desaster über dem Kopf zusammenschlägt. Deshalb sprechen zwei wichtige Gründe dafür, dass Sie am besten gleich heute mit dem ersten Schritt beginnen:

1. Sie reduzieren Ihren seelischen Stress
Wenn Sie den klaren Überblick haben, wissen Sie, wo Sie stehen und was auf Sie zukommt. Wissen statt vager Befürchtungen nimmt die Angst.

2. Sie brauchen die Zahlen
Sie haben die Absicht, sich endlich von Ihren Schulden zu befreien. Um dafür vernünftige Pläne zu entwickeln, brauchen Sie realistische Zahlen.

Sie kennen vermutlich die Redewendung »in den sauren Apfel beißen«. Damit ist gemeint, dass man eben notgedrungen das Unangenehme tut, das man tun muss. Ich kenne einen psychologisch geschulten Schuldnerberater, der seinen Klienten empfiehlt, sich einen Beutel saurer Äpfel, zum Beispiel Boskop, zu besorgen. Jedes Mal, wenn am Schuldenproblem weitergearbeitet werden soll, heißt es erst einmal: Einen Apfel essen. Das hilft wirklich, den »inneren Schweinehund« zu überwinden! Wichtig ist, dass Sie den Apfel nicht in mundgerechte Stücke schneiden oder sogar schälen. Nein, beißen Sie kräftig in die Schale, halten Sie den fies sauren Geschmack aus. Essen Sie den ganzen Apfel auf und legen Sie dann sofort mit der Arbeit los.

Sie brauchen folgende Hilfsmittel: Schreibzeug und Papier, um Listen zu erstellen, Hefter, Taschenrechner und mehrere Ordner. Mindestens sind es drei Ordner: Für die Unterlagen zu den Schulden, zu den Einnahmen, zu den Ausgaben. Besser ist es jedoch, wenn Sie noch mehr Ordner haben, um zum Beispiel die Unterlagen zu Ausgaben für Versicherungen, Wohnung, Auto und so weiter nach Sachgebiet trennen zu können.

Sie machen sich das Leben zukünftig leichter, wenn Sie beim Erarbeiten Ihres Überblicks über die Schulden, die Einnahmen und die Ausgaben gleich alle Papiere geordnet in die bereitliegenden Ordner einheften. Sie werden sehen, wie gut es Ihnen gefallen wird, wenn Sie am Ende eine schöne Reihe gepflegter Ordner vor sich haben!

Nehmen Sie auch einen Wecker zur Hilfe gegen den »inneren Schweinehund«. Vor allem umfangreiche unangenehme Aufgaben lassen sich leichter bewältigen, wenn man sie sich in kleinere Portionen einteilt. Stellen Sie deshalb den Wecker so, dass er nach anderthalb Stunden klingelt. Das ist Ihr Pausenzeichen. Sie können danach erneut anderthalb Stunden Arbeitszeit einlegen oder am nächsten Tag weitermachen. Bemühen Sie sich jetzt, in der vor Ihnen liegenden Zeit so viel wie möglich zu schaffen. Arbeiten Sie mit dem Wecker »um die Wette«!

So gehen Sie vor:

- Tragen Sie alle Unterlagen, noch ungeöffneten Rechnungen, Ratenverträge, Zahlungsaufforderungen, Quittungen, Mahnungen, Kontoauszüge oder was sonst noch in Zusammenhang mit Ihren Schulden steht, zusammen. Wenn es nicht so viel ist, stapeln Sie alles auf dem Tisch. Wenn es schon recht viel ist, arbeiten Sie am besten auf dem Fußboden.
- Öffnen Sie alle noch verschlossenen Umschläge. Heften Sie Papiere, die in einem Umschlag sind, sofort zusammen. Es könnte später zu mühselig sein, Papiere, die zusammengehören, jedoch im Rahmen der Aufräumtätigkeit getrennt wurden, wieder zuzuordnen.
- Sortieren Sie jetzt die Schreiben nach Absender. Pro Gläubiger, ob Vermieter, Versicherung oder Versandhaus, legen Sie einen eigenen Stapel mit allen zugehörigen Verträgen, Rechnungen, Mahnungen etc. an. Auch die Kontoauszüge gehören zusammen auf einen Stapel. Vertiefen Sie sich jetzt noch nicht in die Inhalte. Sorgen Sie erst einmal dafür, dass die Dinge, die vom gleichen Absender kommen, zusammenliegen. Vielleicht haben Sie nun auf dem Fußboden zehn, dreißig oder mehr Papierstapel. Obwohl Sie sich inhaltlich noch gar nicht im Einzelnen damit befasst haben, spüren Sie jetzt schon, dass Sie langsam einen gewissen Überblick bekommen. Jetzt haben Sie die erste Hürde genommen. Fast alle Schuldner sagen an dieser Stelle, dass es für sie eine enorme Entlastung bedeutet, das bisherige Chaos nun so übersichtlich liegen zu sehen.
- Sortieren Sie jeden der Papierstapel nach Datum. Das neueste Schreiben sollte oben liegen. Jetzt sind Sie startbereit für den ersten Überblick.

Welche Schulden haben Sie genau?

- Erstellen Sie als Erstes Ihre aktuelle Schuldenliste. Sie nehmen sich in beliebiger Reihenfolge die Papierstapel vor, lesen die Schreiben durch und stellen so fest, welche Forderungen dieser Gläubige an Sie hat. Die Liste malen Sie auf Papier oder mit dem PC mit sechs Spalten wie in Bild 1 gezeigt.

1. Nummer	2. Gläubiger	3. Forderungen	4. Vereinbarungen	5. Aktueller Stand	6. Priorität
G 1	Vermieter Hr. Grohe Tel.: 374632	850,60	mtl. 420,-	Mahnung	
G 2	Benohne GmbH Fr. Walter Tel.: 483932	249,37	mtl. 40,-	Mahnung	

Bild 1: Liste der aktuellen Gläubiger und ihrer Forderungen

Die Spalten füllen Sie so aus:

1. Nummer

Hier tragen Sie eine laufende Nummer ein. Sie können zum Beispiel ein G davor setzen, also G1 in die erste Zeile für Gläubiger Nummer 1, G2 in die zweite und so weiter. Diese Nummer ist ab sofort für Ihre Finanzverwaltung die eindeutige Kennnummer des dazugehörigen Gläubigers. Schreiben Sie mit Bleistift diese Nummer auf jeden seiner Briefe, Mahnungen und sonstigen Unterlagen. Das machen Sie zukünftig bei sämtlicher Post von ihm. Sie heften die Unterlagen nun im Ordner für Ihre Schulden ab. Vielleicht reicht ein Ordner für alle Gläubiger. Dann sorgen Sie durch Trennblätter dafür, dass alles säuberlich getrennt pro Absender bleibt. Eventuell ist es ratsam, für Gläubiger, von denen Sie viele Unterlagen haben, eigene Ordner anzulegen. Das können die Bank, Versicherungen oder Ihr Vermieter sein. Die auf der obigen Liste vergebenen Nummern für jeden Gläubiger schreiben Sie auf den Rücken des jeweiligen Ordners. So haben Sie dauerhaft schnell die richtigen Unterlagen zur Hand und können recht einfach immer alle neuen Papiere da ablegen, wo sie hingehören.

2. Gläubiger

Hier notieren Sie Name, Adresse und Kontaktdaten wie Telefonnummer, Faxnummer oder E-Mail-Adresse. Wenn es sich beim Gläubiger um eine Firma handelt, schreiben Sie hier auch Name und Durchwahlnummer Ihres Ansprechpartners auf. Es empfiehlt sich, möglichst immer mit derselben Person zu sprechen, statt immer wieder neu zu erklären, worum es geht. Außerdem werden Sie beim stetigen Bereinigen Ihrer Schulden ein Verhältnis von Vertrauen und Sympathie aufbauen. Das kann Ihnen notfalls später einmal helfen, wenn es eventuell doch nicht so gut klappt mit dem Abbezahlen und Sie um einen Aufschub bitten müssen. Je besser der Ansprechpartner Sie als willigen Zahler kennt, desto eher kommt er Ihnen auch mal entgegen.

3. Forderungen

Hier schreiben Sie auf, wie viel Geld Sie diesem Gläubiger noch schulden. Rechnen Sie eventuell die inzwischen angefallenen Zinsen und Mahngebühren dazu. Auch wenn Sie meinen, dass seine Forderungen überhöht sind, schreiben Sie hier erst einmal auf, was der Gläubiger verlangt.

4. Vereinbarungen

Hier notieren Sie, was ursprünglich zwischen Ihnen und Ihrem Gläubiger vereinbart war. Bei einem Versandhaus wären das zum Beispiel die Vereinbarungen zu den Raten, wann und in welcher Höhe sie fällig sind. Bei privaten Geldgebern haben Sie vielleicht versprochen, nach Erhalt des Weihnachtsgeldes zu bezahlen. Auch das gehört hier hinein.

5. Aktueller Stand

Hier schreiben Sie auf, wie es zur Zeit zwischen Ihnen und dem Gläubiger steht. Hat er schon gemahnt? Droht er mit dem Gerichtsvollzieher oder einem Inkassobüro? Haben Sie bisher pünktlich bezahlt? Fehlen schon Raten? Ist er bereit, noch etwas zu warten?

6. Priorität

Diese Spalte können Sie zunächst noch leer lassen. Hier werden Sie später die vorrangig zu bedienenden Gläubiger kennzeichnen. Zum Beispiel gehören Miete, Strom und Wasser zu den Schulden, die Sie vorrangig tilgen sollten.

Bei meiner Freundin Corinna sah die Liste schließlich so aus wie in Bild 2.

1. Nummer	2. Gläubiger	3. Forderungen	4. Vereinbarungen	5. Aktueller Stand	6. Priorität
G 1	BMW Hr. Haase Tel.: 66849369	15800,-	mtl. 560,-	3 Monate im Verzug	
G 2	Bank Hr. Sieker Tel.: 3496789	4080,-	Dispo	./.	
G 3	Geno-Versand Fr. Krüger Tel.: 7239405	2494,80	bezahlen bis September	Aufschub bis Dezember	

Bild 2: Beispiel einer Liste zu Gläubigern und Forderungen

Wenn Sie mit einem ersten Entwurf fertig sind, überlegen Sie noch einmal ganz genau: Haben Sie an alle Ihre Gläubiger gedacht?

- Finanzamt, Banken, Versicherungen?
- Versandhäuser, Kaufhäuser?
- Vermieter, Energieversorger?
- Telefon?
- Auto?
- Abos, Mitgliedsbeiträge?
- Vorschuss beim Arbeitgeber?
- Familie, Freunde?

Überlegen Sie auch, ob noch von irgendwem demnächst bei Ihnen eine Rechnung ankommen wird. Sie haben vielleicht im Internet etwas bestellt, was noch nicht da ist. Setzen Sie es jetzt schon auf die Liste.

Vielleicht haben Sie im Laufe der letzten Wochen, Monate oder sogar Jahre Post nicht nur nicht aufgemacht, sondern sogar in den Müll geworfen. Dann wissen Sie vermutlich nicht mehr genau, wem Sie eigentlich noch wie viel schulden. Dennoch brauchen Sie eine Liste der Gläubiger und ihrer Forderungen. Gehen Sie so vor:

- Suchen Sie alle Unterlagen hervor, die Sie noch finden können.
- Sortieren Sie diese wie oben beschrieben.
- Durchforsten Sie Ihr Gedächtnis, wer will wohl noch wie viel?
- Telefonieren Sie die Gläubiger ab und fragen Sie nach.

Sie werden sich wundern, wie nett die Angerufenen sind, wenn Sie die Initiative ergreifen und nachfragen. Sagen Sie einfach, dass es Ihnen leid tut, bisher säumig gewesen zu sein, und dass Sie gerade begonnen haben, Ihre Finanzen wieder auf Vordermann zu bringen. Weit davon entfernt, böse zu reagieren, fällt den Gläubigern ein Stein vom Herzen, weil jetzt mal von Ihnen die Initiative kommt! Wenn Sie wirklich nicht mehr alle Gläubiger und ihre Forderungen ermitteln können, wenden Sie sich an die Schufa (www.schufa.de).

Welche Einnahmen haben Sie?

Anschließend stellen Sie zusammen, welche Einnahmen Sie regelmäßig haben. Nehmen Sie dazu am besten Ihre Kontoauszüge. Erstellen Sie auch hierzu eine Liste wie in Bild 3.

1. Nummer	2. Einnahmen	3. Betrag	4. Termin/Häufigkeit	5. pro Monat	6. Zuverlässigkeit

Bild 3: Liste der regelmäßigen Einnahmen

Die Spalten füllen Sie wie folgt:

1. Nummer

Hier nummerieren Sie durchlaufend Ihre verschiedenen Einnahmen. So haben Sie eine eindeutige Nummer für jeden Einnahmeposten. Diese Nummer können Sie weiterhin stets auf alle Unterlagen notieren, die Sie zu den jeweiligen Einnahmen bekommen. Diese Nummer gehört dann auch auf den Rücken des entsprechenden Ordners, in welchem Sie ab sofort auch Ihre Einnahmenpapiere sorgfältig und regelmäßig einheften. Achten Sie bitte darauf, von nun an peinlichste Ordnung in

Ihren Papieren zu halten. Zum Beispiel vergeben Sie E 1 für Ihr Gehalt. Dann werden Sie ab sofort jeden Monat die neue Gehaltsabrechnung im mit E 1 gekennzeichneten Ordner ablegen.

2. Einnahmen

Hier notieren Sie die Art der Einnahme. Das kann sein: Gehalt, Rente, Arbeitslosengeld I oder II, Grundsicherung, Kindergeld, Lohn vom Nebenjob, Unterhaltszahlungen, Unterhaltsvorschuss, Beihilfen, Mieteinnahmen etc.
Berücksichtigen Sie hier nur, was regelmäßig hereinkommt. Einmalige Bonuszahlungen vom Arbeitgeber oder Geldgeschenke von den Eltern gehören nicht in die Liste. Das sind »nur« Extras, die Sie natürlich möglichst zum Tilgen von Schulden verwenden, jedoch nicht in Ihrer kontinuierlichen finanziellen Planung berücksichtigen können.

3. Betrag

Hier schreiben Sie die Summe der jeweiligen Einnahme auf.

4. Termin / Häufigkeit

Manche Zahlungen bekommen Sie monatlich, andere vielleicht pro Woche oder im Quartal. Das halten Sie hier fest.

5. pro Monat

Falls die Zahlungen nicht monatlich kommen, rechnen Sie hier um, wie viel es pro Monat ist.

6. Zuverlässigkeit

Die meisten Einnahmen werden hoffentlich zuverlässig sein. Aber es gibt auch Ausnahmen. Wenn zum Beispiel Ihr Ex, Ihr Mieter oder Ihr Arbeitgeber des Nebenjobs nicht immer pünktlich zahlen, dann notieren Sie das hier. Sie müssen wissen, wo in Ihrer Finanzplanung und in Ihrer späteren Entschuldungsstrategie eventuell Schwachstellen sein könnten.

Bei meiner Freundin Corinna sah die Einnahmenliste so aus wie in Bild 4:

1. Nummer	2. Einnahmen	3. Betrag	4. Termin/Häufigkeit	5. pro Monat	6. Zuverlässigkeit
E 1	Gehalt	1400,-	monatlich	1400,-	ok
E 2	Untermieter	250,-	monatlich	250,-	ok
E 3	Nachhilfe	20,-	pro Stunde	80,-	meist klappt es
E 4	Hunde ausführen	5,-	pro Stunde	40–60,-	meistens

Bild 4: Beispiel einer Einnahmenliste

1. Nummer	2. Kunde/Schuldner	3. Betrag	4. Termin/Vereinbarung	5. Wahrscheinlichkeit
R 1	Fr. Schreiber Bahnhofstr. 8 (Schneiden/Föhnen)	55,60	zahlt sie nächstes Mal mit	hoch
R 2	Fr. Peine Osterweg 15 (Färben /Schneiden)	70,20	Überweisung bis Oktober	hoch
R 3	Hilde (Geld geliehen)	100,-	sobald ihr Lohn da ist	fraglich

Bild 5: Liste der Außenstände

Wenn Sie selbstständig arbeiten, zum Beispiel als Handwerker oder Dienstleister, dann brauchen Sie eventuell auch noch eine weitere Liste für Ihre Außenstände. Das bedeutet, dass Sie für Ihre Kunden eine Leistung erbracht haben und nun auf die Bezahlung Ihrer Rechnung warten. Die Liste kann aussehen wie auf Bild 5. Diese Liste benutzen Sie auch, wenn Sie Ihrerseits anderen Menschen Geld geliehen haben und noch zurückerwarten. Das sind Ihre Außenstände. Eigentlich gehören Ihnen Ihre Außenstände und sind somit Teil Ihres Kapitals. Eigentlich! Können Sie sich indes darauf verlassen, dass Sie das Geld auch tatsächlich bekommen werden?

1. Nummer
Wenn Sie eine Rechnung geschickt haben, steht hier die Rechnungsnummer. Andernfalls vergeben Sie hier wie bei den anderen Listen laufende Nummern, beginnend mit R1.

2. Kunde / Schuldner
Hier schreiben Sie Namen, Adresse und Telefonnummer der Person auf, die Ihnen noch Geld zu geben hat.

3. Betrag
Hier halten Sie die Höhe Ihrer Forderungen fest.

4. Termin / Vereinbarung
Wann soll das Geld kommen? Soll es auf einmal oder in Raten bezahlt werden? Notieren Sie, was Sie bezüglich der Bezahlung vereinbart haben. Eventuell steht hier auch, dass Sie bereits eine Mahnung geschickt haben oder wie der aktuelle Stand zwischen Ihnen und Ihrem Schuldner ist.

5. Wahrscheinlichkeit
Schreiben Sie hier realistisch auf, wie hoch die Wahrscheinlichkeit ist, dass Sie das Geld zum vereinbarten Termin bekommen werden. Schreiben Sie zum Beispiel: sicher, vermutlich später, wahrscheinlich gar nicht, vielleicht nur einen Teil etc. Auch bezüglich Ihrer Außenstände sollten Sie ab sofort nie wieder für Ihre eigenen Ausgaben Geld einplanen, das Sie noch nicht haben und möglicherweise auch nie bekommen werden!

Welche Ausgaben haben Sie?

Im dritten Teil Ihres Überblicks über Ihre Finanzlage geht es nun um Ihre Ausgaben. Dabei dreht es sich im Wesentlichen um zwei Posten:

- Ihre Fixkosten: was jeden Monat von Ihrem Geld abgeht.
- Ihr Lebensunterhalt: was Sie im Monat verbrauchen.

Beginnen Sie mit den Fixkosten. Dazu nehmen Sie sich die Kontoauszüge der letzten zwölf Monate vor. Was Sie dort an regelmäßigen Abbuchungen, Einzügen oder Überweisungen sehen, tragen Sie in eine Ausgabenliste, wie in Bild 6 gezeigt, ein.

1. Nummer	2. Ausgaben	3. Betrag	4. Fälligkeit	5. pro Monat	6. Bewertung

Bild 6: Liste der regelmäßigen Ausgaben

1. Nummer

Hier können Sie mit A 1 beginnend laufende Nummern vergeben. Wiederum sind das dann die Nummern, die Sie ab sofort auf alle Papiere wie Briefe, Rechnungen, Berichte, Vertragsunterlagen, Mahnungen und so weiter schreiben. Diese Nummer gehört auch auf den Ordner, in den Sie die dazugehörigen Unterlagen einheften. Falls sich Ihre Ausgaben auf Gläubiger beziehen, dann vergeben Sie hier die Nummer des betreffenden Gläubigers. Das ist zum Beispiel der Fall, wenn

Sie Ihrem Vermieter Geld schulden, dann hat Ihr Vermieter schon die Nummer G 3 auf der Liste der Gläubiger bekommen. Dann können Sie auch hier G 3 für die Miete vergeben. So bleiben die Dinge zusammen, die zusammengehören.

2. Ausgaben
Hier schreiben Sie auf, um was es geht. Das können sein: Miete, Strom, Gas, Wasser, Heizkosten, Versicherungen, GEZ, Telefon, Zeitungsabonnements, Mietgliedsbeiträge und so weiter. Falls Sie manche Dinge nicht über Ihr Konto abwickeln, sondern regelmäßig in bar bezahlen, dann entscheiden Sie jetzt, ob Sie das hier eintragen oder auf der nächsten Liste zu Ihren Haushaltskosten. Das kann zum Beispiel Ihre Monatskarte für den Nahverkehr sein oder die Praxisgebühr beim Arzt. Das gehört zwar zu den Fixkosten, wird regelmäßig fällig, taucht jedoch nicht auf Ihrem Kontoauszug auf, weil Sie das bar bezahlen. Wichtig ist, dass Sie es nicht vergessen.

3. Betrag
Hier steht die Summe, die von Ihrem Konto abgezogen wird.

4. Fälligkeit
Hier tragen Sie ein, wann oder wie oft Sie bezahlen müssen. Zum Beispiel bezahlen Sie Ihre Haftpflichtversicherung halbjährlich, die Autosteuer einmal im Jahr, den Mitgliedsbeitrag im Fitness-Studio alle zwei Wochen.

5. pro Monat
Rechnen Sie gegebenenfalls um, was es Sie pro Monat kostet.

6. Bewertung
Hier bewerten Sie die Notwendigkeit oder Wichtigkeit der Ausgaben. Muss diese Ausgabe wirklich sein oder könnte sie notfalls wegfallen oder zumindest reduziert werden?

Zunächst meinen Sie vielleicht bei jeder der Ausgaben, dass sie sein muss, sonst hätten Sie sie ja längst gestrichen. Bei näherer Betrachtung stellen Sie jedoch fest, dass zum Beispiel das Abo für eine bestimmte Fachzeitschrift nicht sein müsste. Da stehen zwar wichtige Dinge drin, die für Ihren Beruf wertvoll sind, aber es würde Ihren Arbeitsplatz nicht wirklich gefährden, sollten Sie das Abo abbestellen, bis Sie schuldenfrei sind. Auch die Autoversicherung muss nur dann sein, wenn Sie weiterhin Ihr Auto behalten wollen. Brauchen Sie es wirklich? Könnten Sie zur Not mal ein oder zwei Jahre mit dem Fahrrad auskommen? Sie müssen zwar Ihre Miete bezahlen. Jedoch wäre zu überlegen, ob Sie nicht vielleicht im Laufe der nächsten Monate in eine billigere Wohnung umziehen könnten. Bewerten Sie deshalb kritisch: muss sein, möchte ich gerne behalten, könnte entfallen, könnte weniger sein etc.
Bei Corinna sah die Liste der regelmäßigen Ausgaben folgendermaßen aus:

1. Nummer	2. Ausgaben	3. Betrag	4. Fälligkeit	5. pro Monat	6. Bewertung
A 1	Miete (Wohnung)	560,-	bis 4. des Monats	560,-	muss
A 2	Miete (Atelier)	285,-	monatlich	285,-	will ich behalten
A 1	Beitrag (Kunstverein)	30,-	März und August	5,-	muss nicht sein

Bild 7: Beispiel einer Liste regelmäßiger Ausgaben

Zum Schluss geht es nun um Ihre Haushaltskosten. Das ist das Geld, das Sie im Alltag zum Leben ausgeben. Sie werden vermutlich feststellen, dass Sie manche Kosten bisher zu gering eingeschätzt oder sogar überhaupt nicht berücksichtigt haben.

Sie können in sechs Schritten vorgehen:

Notieren Sie spontan alle Posten Ihrer Haushaltsbesorgungen. Machen Sie sich noch keine Gedanken über Beträge, sondern sammeln Sie im Brainstorming wie in Bild 8, was Ihnen einfällt zu Ihren Alltagsausgaben.

Nagelstudio Kino
Taschengeld
Katze
Lebensmittel Zeitschriften
Putzmittel
Benzin
Reinigung
Restaurant

Bild 8: Posten der Haushaltskosten

Erstellen Sie nun eine Liste Ihrer geschätzten Ausgaben. Schreiben Sie diesmal auch dazu, was Sie schätzungsweise pro Monat dafür ausgeben. Sie werden später erkennen, wo Sie bestimmte Kosten völlig über- und andere unterschätzt haben. Dieses Wissen wird Ihnen in Zukunft helfen, Ihre Ausgaben realistischer zu planen und Sparmöglichkeiten zu entdecken.

Ausgaben	Pro Monat, geschätzt	Sparideen
Lebensmittel	500,-	öfter selber kochen
Körperpflege	80,-	mehr No-Name Produkte

Bild 9: Geschätzte Kosten der Haushaltsführung

Führen Sie ein Haushaltsbuch. Machen Sie sich die Mühe, mindestens drei Wochen lang täglich genau aufzuschreiben, wofür Sie Geld ausgeben. Seien Sie dabei penibel bis ins Detail. Schreiben Sie zum Beispiel nicht nur: »Aldi – 17,80 Euro«, sondern: »Brot – 1,29; Katzenfutter – 2,10;« Schreiben Sie auch nicht nur: »Friseur – 25 Euro«, sondern: »Friseur – 22 Euro; Trinkgeld – 3 Euro«. Führen Sie dieses etwas kleinlich geführte Ausgabenprotokoll für mindestens drei Wochen, weil bestimmte Ausgaben nicht so oft kommen. Zum Beispiel Waschpulver, Spülmittel, Tütensuppen etc. kaufen Sie eventuell nicht jede Woche. Das könnte leicht dazu führen, dass Sie solche Ausgaben vergessen oder unterschätzen.

Datum	Ausgaben	Beträge
16.4.	Brot	1,49
	Obst	4,20
	Café-Besuch	5,00
	Tanken	48,32
	Parkuhr	1,50

Bild 10: Haushaltsbuch – Protokoll täglicher Ausgaben

Sie werden sehen, wie viel Geld letztlich in verblüffend kleinen und kleinsten Beträgen verschwindet. Sie werden auch bemerken, dass Sie im Vergleich zur obigen Schätzung an manchen Stellen viel mehr ausgegeben haben als gedacht. Im Haushaltsbuch findet sich die Tatsache wieder, dass Sie zum Beispiel Geld für ein Geburtstagsgeschenk, für das Porto Ihrer Weihnachtskarten oder für die Augentropfen der Katze oder für den Strafzettel beim Falschparken brauchten. Daran haben Sie vorher vielleicht gar nicht gedacht.

Vergleichen Sie jetzt Ihre geschätzten Haushaltskosten

(Bild 9) mit den Beträgen, die Sie tatsächlich hatten (Bild 10). Überlegen Sie:

- Welche Ausgaben haben Sie falsch geschätzt? Warum?
- Mit welchen Ausgaben hatten Sie gar nicht gerechnet?
- Wie müsste eine realistische Planung ab sofort aussehen?

Machen Sie jetzt eine realistische Liste Ihrer Haushaltskosten wie in Bild 11

Ausgaben	Geplant pro Monat	Sparideen
Lebensmittel	500,-	selbst kochen
Putzmittel	40,-	weniger nehmen
Körperpflege	80,-	nicht so oft zum Friseur
Kleider	80,-	./.
Haustiere	50,-	./.
Zeitungen	15,-	nur noch eine Tageszeitung

Bild 11: Realistisch geplante Haushaltskosten

Berücksichtigen Sie unerwartete Kosten. Planen Sie nicht zu knapp, zumal meistens doch noch Extraausgaben hinzukommen. Überlegen Sie auch, ob im Laufe der nächsten Zeit größere Ausgaben anstehen. Das können sein:

- Auto zur Inspektion (Reparaturen fällig?)
- Geburtstag der Mutter (Geschenk und Fahrtkosten)
- Neues Schuljahr (Hefte, Bücher, Stifte für die Kinder)
- Saisonkarte für das Schwimmbad (Neuer Badeanzug fällig?)

Können Sie diese Ausgaben vom normalen Haushalt abzweigen? Sollten Sie jetzt schon über die nächsten zwei oder drei Monate Geld dafür beiseitelegen?

Wenn Sie an dieser Stelle stehen, haben Sie den ersten Schritt aus Ihren Schulden schon geschafft. Sie haben nun einen perfekten Überblick über die Realität Ihrer finanziellen Lage. Sie wissen genau, wem Sie wie viel schulden. Sie kennen Ihre finanziellen Ein- und Ausgänge und können planen, was demnächst an Kosten auf Sie zukommt. Und Sie haben sicherlich an manchen Stellen entdeckt, wo Sie bisher mit Ihren Annahmen über diverse Beträge falsch lagen. Das bedeutet, dass Sie jetzt Ihre Zahlen »im Griff« haben.

Damit Sie Ihren mühsam erarbeiteten Überblick auf die Dauer behalten, sollten Sie:

- neue Post stets sofort öffnen, gegebenenfalls bearbeiten (antworten, Überweisungen tätigen etc.) und dann im richtigen Ordner abheften. So behalten Sie Ihre Unterlagen in Ordnung und müssen nie wieder so eine mühselige Aufräumaktion starten.
- Änderungen bei Ihren Einnahmen sofort auf der Liste eintragen und bei Ihrer Finanzplanung berücksichtigen. So sichern Sie ab, dass Sie es rechtzeitig merken, wenn sich an Ihrer finanziellen Lage so viel ändert, dass Sie anders planen müssen.
- Änderungen Ihrer Fixkosten sofort auf der Liste der regelmäßigen Ausgaben aktualisieren.
- Ihr Haushaltsbuch noch wenigstens ein paar Wochen weiter pflegen, um ein sicheres Gespür zu entwickeln, wofür Sie wie viel Geld brauchen, welche unerwarteten Kosten immer mal wieder anfallen, wo Sparmöglichkeiten sind.

Manche Menschen tragen ihr Leben lang alle Ausgaben ins Haushaltsbuch ein. Das muss jedoch nicht sein. Meiner Meinung nach ist es sinnvoller, bequemer und weniger frustrierend, wenn Sie sich in der Kunst des Budgetierens üben. Dazu lesen Sie später mehr.

Schritt 2: Entwickeln Sie eine Entschuldungsstrategie

Sie haben nun Ihren Überblick über Schulden, Einnahmen und Ausgaben. Jetzt geht es um die dritte der zentralen Fragen: »Wie komme ich wieder heraus aus den Schulden?« Die Antwort liegt im folgenden 10-Punkte-Programm:

Punkt 1: Bestimmen Sie einen festen Betrag für das Abzahlen

Die Differenz zwischen Ihren Einnahmen und Ausgaben steht Ihnen zum Abzahlen Ihrer Schulden zur Verfügung.

Wenn es gar keine Differenz gibt oder Ihre Ausgaben die Einnahmen sogar übersteigen, dann ist bei Ihnen »Alarmstufe Rot« angesagt! Das bedeutet, dass Sie jeden Monat tiefer ins finanzielle Loch rutschen. Auch wenn Sie keine neuen Ratenkäufe tätigen oder kein neues Geld leihen, reißt es Sie tiefer und tiefer rein! Wenn das bei Ihnen der Fall ist, dann kümmern Sie sich noch heute um einen Termin bei einer seriösen Schuldenberatung. Dazu lesen Sie im Folgenden mehr. Dennoch sollten Sie versuchen, wenigstens im Rahmen Ihrer Möglichkeiten mit dem 10-Punkte-Programm fortzufahren. Vielleicht können Sie zum Beispiel durch strikte Sparmaßnahmen doch noch einen kleinen Betrag zum Abzahlen freischaufeln? Probieren Sie es zumindest.

Wenn Sie eine Differenz zwischen Einnahmen und Ausgaben haben und diese bisher nicht zum Abzahlen genutzt haben, dann stellt sich die Frage: Wo ist das Geld geblieben? Bitte prüfen Sie noch einmal genau Ihre Ausgabenliste. Haben Sie wirklich bis ins Detail alles erfasst? An welchen Stellen rinnt Ihnen doch mehr Geld als gedacht unbemerkt »durch die Finger«? Können Sie diese kleinen Geldabflüsse stoppen?

Bestimmen Sie jetzt auf jeden Fall einen festen Betrag, den

Sie ab sofort jeden Monat für das Abzahlen Ihrer Schulden verwenden wollen. Dieses Geld nehmen Sie grundsätzlich zu Beginn des Monats aus Ihrer Ausgabenplanung heraus. Das bedeutet, dass Sie von nun an nicht mehr erst am Ende des Monats schauen, wie viel noch da ist, um damit Schulden abzutragen. Die Versuchung ist sonst zu groß, es im Laufe des Monats doch noch ganz dringend zu brauchen oder unbemerkt für Kleinkram auszugeben.

Genau wie die Raten, die von der Bank für laufende Kredite gleich zu Beginn des Monats abgezogen werden, nehmen Sie gleich am Monatsanfang das reservierte Geld und geben es Ihrer Freundin zurück oder überweisen es an andere Gläubiger.

Verwenden Sie jedoch nicht die ganze Differenz zwischen Einnahmen und Ausgaben. Rechnen Sie mit unerwarteten Kosten, und behalten Sie dafür ein »Geldpolster« oder einen »Notgroschen«.

Beispiel: Karins Differenz zwischen Einnahmen und Ausgaben (inklusive der Raten der Bankkredite) war 320,- Euro. Sie bestimmte 300,- Euro für das Abzahlen ihrer Schulden. Zwanzig Euro steckte sie sofort in eine Dose. Diese Dose war absolut tabu für ihre Haushaltskasse! Das heißt, dass sie auch am Ende des Monats nicht die zwanzig Euro herausnahm und ausgab. Stattdessen steckte sie im folgenden Monat erneut zwanzig Euro hinein. So sparte sie sich eine »eiserne Reserve« von mehr als hundert Euro zusammen. Das gab ihr die Sicherheit, im Notfall nicht »blank« zu sein und borgen zu müssen.

Bitte halten auch Sie sich an diese Empfehlungen:

- Bestimmen Sie einen festen Betrag zum Abzahlen, und ziehen Sie diesen Betrag zu Beginn des Monats »aus dem Verkehr«.
- Legen Sie jeden Monat einen kleinen Betrag als »Notgroschen« beiseite. Sparen Sie sich so ein finanzielles Polster zusammen.

Punkt 2: Erweitern Sie Ihren Rahmen zum Schuldenabbau

Vermutlich haben Sie bisher schon etliche Male durchdacht, wo Sie noch etwas einsparen könnten, welche Ausgaben überflüssig sind.

Vielleicht geht es Ihnen wie Boris, der auch dringend sparen wollte, um endlich aus den Schulden herauszukommen, der sich jedoch zu Beginn sehr schwertat, manche eigentlich überflüssige Kosten zu reduzieren oder ganz zu streichen. Seine Überlegungen waren: »Ich kann jetzt nicht auch noch mit dem Rauchen aufhören. Das ist bei dem Stress nicht drin. Ich will nicht aus dem Sport-Club austreten, weil ich allein nie die Kraft habe, mich zum Sport aufzuraffen. Außerdem sind da alle meine Freunde. Ich muss zu Weihnachten jedem Familienmitglied ein Geschenk kaufen. Die schenken mir ja auch etwas ...« Das waren seine Überlegungen und auch Ausreden gegenüber dem Schuldnerberater zu Beginn. Als er jedoch so weit war, endlich eine ganz konkrete Entschuldungsstrategie zu entwickeln, hatte er dann doch so viel Motivation, auch Verzicht in Kauf zu nehmen. Er reduzierte das Rauchen um die Hälfte, meldete sich zunächst einmal für ein Jahr vom Sport-Club ab und einigte mit sich der Familie darauf, sich dieses Jahr zu Weihnachten nur Minigeschenke zu machen.

Versuchen Sie es nun auch noch einmal, Ihre Ausgaben zu senken. Ganz bestimmt finden auch Sie etwas in Ihrer Haushalts- und Lebensführung, das Sie streichen oder zumindest reduzieren können. Das muss ja nicht für immer sein, sondern nur fürs Erste, bis das Schuldentief überwunden ist.

So lassen sich eventuell auch Ihre Ausgaben senken:

- alle Abos und Mitgliedschaften kündigen
- alle Spenden stoppen
- nicht unbedingt notwendige Versicherungen kündigen
- die teure Kreditkarte (»Goldversion«) gegen eine normale eintauschen

- Rauchen aufgeben oder reduzieren
- auf teure Fertig- und Markenprodukte verzichten
- mit dem Fahrrad zur Arbeit fahren statt mit Auto oder Bus
- Lebensmittel nur noch beim Discounter kaufen
- bewusst auf Saisongemüse und Sonderangebote achten
- Putzfrau kündigen

Überlegen Sie auch, ob es möglich ist, …

… wenigstens für eine Weile auf das Auto ganz zu verzichten.

… mit Freunden zu klären, ob teures gegenseitiges Einladen, Beschenken oder gar das »Rundenschmeißen« aufgegeben werden kann.

… in eine billigere Wohnung umzuziehen. Auch wenn Sie an Ihrem Zuhause hängen, so kann es doch eine seelische Entlastung sein, endlich kein Problem mehr mit der hohen Miete zu haben.

… Ihre Mahlzeiten so zu planen, dass Sie, statt in die Kantine zu gehen, Brote mitnehmen.

… nie mehr Lebensmittel wegzuwerfen. Nehmen Sie die Reste von einer Mahlzeit als Teil der nächsten Mahlzeit.

… an bestimmten Stellen auf weniger teure Produkte auszuweichen. Muss es wirklich immer der edle Wein sein? Könnten Sie nicht mal versuchen, ob Ihnen das Leitungswasser so gut schmeckt wie das stille Wasser aus der Flasche?

Bei all diesen Überlegungen sollten Sie, wenn irgend möglich, Angehörige oder eine gute Freundin hinzuziehen. Ganz oft ist es so, dass Außenstehende viel klarer sehen, wo bei Ihnen Sparpotenziale sind, als Sie selbst!

Vielleicht können Sie Ihren finanziellen Rahmen zum Abtragen der Schulden zusätzlich auch über mehr Einnahmen erweitern.

- Hätten Sie Chancen auf eine Gehaltserhöhung, wenn Sie Ihren Chef einmal darauf ansprechen würden?

- Könnten Sie einen Nebenjob annehmen? (Beispiele: Nachhilfe geben, Putzen, Hunde in Pension nehmen, Zeitungen austragen, im Einzelhandel aushelfen ...) Das darf natürlich niemals Schwarzarbeit sein!

Gibt es in Ihrer Wohnung Raum für einen Untermieter? Dazu fragen Sie natürlich zuerst den Vermieter!

Wenn Sie durch Senken der Ausgaben oder/und Steigern der Einnahmen mehr Geld zum Abzahlen Ihrer Schulden übrig haben, dann bestimmen Sie sofort die erhöhte Summe für Ihre Entschuldung. Das Geld darf nicht einfach wieder in den Haushalt fließen und unbemerkt »versickern«. Legen Sie es gleich zu Beginn des Monats beiseite und zahlen Sie damit ab.

Punkt 3: Priorisieren Sie Ihre Gläubiger

Gehen Sie die Liste Ihrer Gläubiger genau durch. Nicht alle sind gleich wichtig oder gleich ungeduldig. Bringen Sie eine Reihenfolge hinein, welchen Verpflichtungen Sie stets zuerst nachkommen werden. Miet- und Energieschulden müssen Vorrang haben vor Konsumkrediten oder Schulden bei Bekannten. Sie wollen weder im Dunkeln sitzen noch vor einer Räumungsklage Angst haben. Unterhaltszahlungen, Steuerschulden und Geldstrafen (»Knöllchen« von der Politesse gehören auch dazu!) haben ebenfalls eine hohe Priorität. Das bedeutet nicht, dass Sie die anderen Schulden auf die lange Bank schieben dürfen. Es bedeutet lediglich, dass Sie sich Ruhe vor den Gläubigern verschaffen, bei denen die möglichen Konsequenzen bei weiterem Zahlungsverzug am schlimmsten wären. Rechnen Sie jetzt aus, wie viel Sie von Ihrem Betrag zum Schuldenabtragen für diese wichtigsten Gläubiger brauchen. Das Geld ist tabu für alles andere.

Punkt 4: Planen Sie das Abzahlen der Schulden pro Gläubiger

Verteilen Sie nun den Rest des Geldes, das Sie für das Abzahlen Ihrer Schulden verfügbar haben, auf die übrigen Gläubiger. Rechnen Sie genau durch, wem Sie wie viel in welchen Raten geben können. Wer soll monatlich bedient werden? Wer kann sofort einen höheren Betrag bekommen und den Rest in kleineren Raten? Notieren Sie Ihre Planung wie in Bild 12 dargestellt.

1. Nummer	2. Gläubiger	3. Betrag	4. Raten	5. Start	6. Ende	7. Bemerkungen
G 5	Menke AG Hr. Rönke Tel.: 92375	860,-	100,- mtl.	Mai	Januar	Dauerauftrag
G 3	Oma	500,-	50,- mtl.	Mai	Februar	bar

Bild 12: Geplante Entschuldungsstrategie

1. Nummer
Hier erscheint die Nummer, die Sie auf der Gläubigerliste für diesen Gläubiger vergeben haben.

2. Gläubiger
Hier notieren Sie wie auf der anderen Liste Namen und Telefonnummer des Ansprechpartners.

3. Schuldensumme
Hier schreiben Sie auf, wie viel Sie noch schulden.

4. Raten
Hier steht, wie viel Sie bei jeder Rate zahlen können und wann Sie zahlen, ob monatlich, im Quartal oder pro Woche etc.

5. Start-Termin
Wann soll die erste Rate gezahlt werden?

6. End-Termin
Wenn Sie pünktlich zahlen, werden Sie zu diesem Termin fertig sein.

7. Bemerkungen
Hier können Sie notieren, wie Sie bezahlen werden. Der Oma geben Sie das Geld zum Beispiel in bar. Bei anderen Gläubigern überweisen Sie es oder lassen einen Dauerauftrag einrichten. Hier können Sie auch für Ihr Gedächtnis Absprachen mit dem Gläubiger notieren, falls Sie mal im Laufe der Zeit Änderungen in der Abzahlstrategie vereinbaren.

Punkt 5: Stimmen Sie Ihre Strategie mit Ihren Gläubigern ab

Aus Ihrer Sicht haben Sie nun eine realistische Strategie zum Abzahlen Ihrer Schulden. Jetzt müssen Sie der Reihe nach mit jedem Gläubiger Zahlungsvereinbarungen treffen. Rufen Sie Ihre Gläubiger an. Stehen Sie dazu, dass Sie bisher säumig waren. Sagen Sie, dass Sie ab sofort Ihren Zahlungsverpflichtungen nachkommen wollen. Sie werden erleben, dass die meisten Gläubiger weniger ungehalten reagieren, als Sie befürchtet haben. Die meisten sind nämlich nur froh zu hören, dass Sie endlich von sich aus das leidige Problem angehen. Klären Sie zunächst, ob Sie und Ihr Gläubiger über die Höhe der noch ausstehenden Summe einig sind. Bieten Sie dann an, was Sie nach Ihrem Plan nun in Raten bezahlen wollen. Machen Sie deutlich, dass Sie nicht mehr leisten können. Im Zweifel ist es jedem Gläubiger lieber, wenigstens in kleineren Raten und längerfristig sein Geld zu bekommen, als dass Sie in die Insolvenz gehen und er bekommt womöglich gar nichts mehr.

Falls Sie notgedrungen einem Gläubiger doch höhere Raten leisten müssen, als Sie geplant haben, dann rechnen Sie sofort bei anderen Gläubigern, die Sie noch nicht angerufen haben, geringere Raten aus. Am Ende muss die Gesamtsumme unbedingt dem entsprechen, was Sie bezahlen können. Auf keinen Fall dürfen Sie jetzt falsche Versprechungen machen und hoffen, dass Sie später, wenn es so weit ist, das schon irgendwie geregelt bekommen!

Sie sollten nach jedem Telefonat kurz notieren, was Sie mit dem jeweiligen Gläubiger besprochen haben. Schreiben Sie ihm kurz eine Bestätigung der getroffenen Vereinbarung. Das können Sie formlos machen. Schreiben Sie in drei knappen Sätzen, dass Sie nur noch einmal die mündliche Absprache bestätigen wollen bezüglich des noch offenen Betrags von ... Sie werden ab ... in Raten in Höhe von ... diesen Betrag abbezahlen. Kurzer Dank für das Verständnis. Fertig. Legen Sie eine Kopie dieses Schreibens zu den Unterlagen des Gläubigers.

Punkt 6: Beweisen Sie sich als zuverlässiger Zahler

Halten Sie die vereinbarten Ratenzahlungen absolut zuverlässig ein! Bezahlen Sie lieber mal einen Tag früher als einen Tag später. Sie wollen schließlich bei Ihren Gläubigern erneut Vertrauen aufbauen! Und Vertrauen brauchen Sie unbedingt. Ihr Gläubiger muss Ihnen glauben, dass Sie sich alle Mühe geben, ihn zu befriedigen. Nur dann wird er Ihnen im Notfall auch mal entgegenkommen. Notfälle sollen nicht eintreten, können jedoch passieren. Ihr Auto braucht zum Beispiel plötzlich eine Reparatur und Sie sind auf den Wagen angewiesen. Wenn Sie bisher zuverlässig und überpünktlich bezahlt haben, lässt sich sicherlich der eine oder andere Gläubiger darauf ein, einmal eine Rate zu verschieben. Wichtig ist, dass Sie sich vor der Fälligkeit melden, Ihr Problem erklären und anschließend wieder überpünktlich weiterzahlen.

Punkt 7: Nutzen Sie Sonderzahlungen

Wenn Sie zum Beispiel Urlaubsgeld erhalten, etwas von der Steuer erstattet bekommen oder Ihnen Ihre Oma ein Geldgeschenk macht, dann nutzen Sie diesen Betrag für Ihre Entschuldungsstrategie. Machen Sie nicht den Fehler vieler Menschen, diesen erfreulichen Geldsegen gleich wieder in Konsum umzusetzen. Es mag zwar wunderbar sein, einmal wieder so richtig zum »Shopping« zu gehen oder sich etwas Neues für die Wohnung zu leisten, dennoch ist es unklug. So lange Sie noch an Ihren Schulden zu knabbern haben, sollte das erfolgreiche Abschmelzen des Schuldenbergs Ihnen größere Freude machen als das Kaufen von Dingen, die Sie nicht wirklich dringend brauchen.

So können Sie die Sonderzahlung nutzen:

- Tilgen Sie einen der kleineren noch offenen Beträge komplett. Es ist doch prima, wenn Sie dadurch einen der Gläubiger ganz von der Liste gestrichen haben.
- Zahlen Sie einem Gläubiger einmal eine doppelte Rate. Sagen Sie ihm, dass Sie das wegen einer Sonderzahlung können. Damit reduzieren Sie nicht nur den noch offenen Betrag, Sie machen sich auch beliebt. Das kann im Notfall (siehe oben) mal sehr nützlich sein.
- Stecken Sie das Geld in einen Spartopf als Notgroschen. So haben Sie eine Reserve, wenn es im nächsten oder übernächsten Monat mal knapp wird.

Lassen Sie sich das »schöne« Geld der Sonderzahlung bitte nicht einfach »durch die Finger rinnen«!

Punkt 8: Pflegen Sie Ihre Unterlagen

Ihre Liste zur Entschuldungsstrategie dient zwei Zwecken: Sie soll Ihnen den Überblick erhalten, wie weit Sie mit den einzelnen Gläubigern sind, und sie soll Sie motivieren. Es wird Ihnen große Genugtuung bereiten, wenn Sie den ersten Gläubiger streichen oder wenn Sie bei einem anderen Gläubiger wegen einer Sonderzahlung die Anzahl der noch fälligen Raten reduzieren können. Behalten Sie deshalb diese Liste immer griffbereit und möglichst da, wo Sie sie oft sehen.

Wichtig ist, dass Sie nie wieder den Überblick über Ihre finanzielle Lage verlieren.

- Öffnen Sie Post von Gläubigern, von der Bank, von Versicherern etc. stets sofort. Bearbeiten Sie, was zu erledigen ist, und legen Sie die Papiere sofort im richtigen Ordner ab.
- Machen Sie bei allen Telefonaten immer Notizen. Verlassen Sie sich bitte nie auf Ihr Gedächtnis. Schreiben Sie auf, mit wem Sie wann gesprochen haben und was vereinbart wurde.
- Tragen Sie jede Änderung bezüglich Ihrer Entschuldung sofort auf der obigen Liste ein. Wenn Sie Raten erhöhen, einmal extra bezahlen oder einmal (nach Absprache!) mit einer Rate aussetzen, so tragen Sie sofort ein, um wie lange sich dadurch der geplante Abzahlzeitraum verändert.

Punkt 9: Überprüfen Sie regelmäßig die Erfolge

Prüfen Sie zum Beispiel alle drei bis vier Monate bezüglich jedem Gläubiger:

- Hat es mit dem Abzahlen wie geplant geklappt?
- Wie hoch sind die noch offenen Schulden?
- Werden Sie wie bisher abzahlen können?
- Könnten Sie eventuell die Raten erhöhen (weil bereits andere Gläubiger befriedigt sind, sodass Sie mehr Geld für das Abzahlen zur Verfügung haben)?

Vergleichen Sie es mit dem Abnehmen. Da würden Sie ja auch regelmäßig auf die Waage steigen und prüfen, ob die Diät und das Sportprogramm funktionieren. Falls es nicht funktioniert, wollen Sie es schnell merken, um dementsprechend gegensteuern zu können. So ist es auch mit Ihrer Entschuldung. Durch das regelmäßige Prüfen merken Sie schnell, wenn es bei dem einen oder anderen Gläubiger nicht so gut klappt. Sie können dann schnell Maßnahmen ergreifen. Was jedoch wie geplant läuft, wird Sie anspornen, auf dem eingeschlagenen Weg beharrlich weiterzugehen, raus aus dem finanziellen Tief.

Punkt 10: Halten Sie auch bei Niederlagen und Rückschlägen durch

Sie haben sich vorgenommen, immer schön sparsam mit der Haushaltskasse umzugehen, um ganz bestimmt das notwendige Geld für die Raten zur Verfügung zu haben. Und dann passiert es doch wieder, dass Sie schwach geworden sind! Sie haben spontan ein Paar Schuhe gekauft, weil es einfach zu verlockend im Schaufenster aussah und auch so wunderbar passte. Sie haben gedankenlos im Katalog geblättert und konnten sich plötzlich einfach nicht mehr bremsen und haben telefonisch den schönen Pulli mit passender Jacke bestellt. Sie wollten im Supermarkt nur Brot und Milch kaufen und kamen zu Hause dann doch wieder mit zwei Flaschen von dem edlen Wein an.

Rechnen Sie damit, dass Sie nicht über Nacht Ihr bisheriges Ausgaben- und Einkaufsverhalten radikal ändern können. Auch in dieser Hinsicht ist es mit dem Schuldenabbau wie mit dem Abnehmen. Man fängt mit guten Vorsätzen an, freut sich auch schon über Erfolge, und hat dann doch wieder einen Rückfall. Wer eigentlich auf Diät ist, stopft plötzlich mit Heißhunger eine ganze Tafel Schokolade in sich hinein oder lässt sich vom kleinen Hunger übermannt in der Imbissbude fette Wurst mit Pommes frites servieren. Anschließend ist einem nur noch schlecht. Dazu kommt das schlechte Gewissen mit den Selbstvorwürfen: »Wieso habe ich das getan? Warum kann ich mich nicht beherrschen? Ich schaffe es nie!« Keine Sorge, Sie schaffen es trotzdem. Jede Verhaltensänderung bringt unweigerlich auch mal Rückfälle mit sich. Wer abnehmen will, haut sich in einem schwachen Moment doch wieder den Bauch voll. Wer nie wieder cholerisch werden wollte, rastet doch gelegentlich wieder völlig aus. Wer gewissenhaft Schulden abbauen wollte, vergeudet plötzlich doch wieder Geld für überflüssige Käufe. Solche Rückfälle passieren bei Stress oder aus Frust, weil man sich verführen lässt oder einfach so aus Gedankenlosigkeit.

Wichtig ist, dass Sie nicht den Mut verlieren! Auch wenn Sie wieder einmal schwach geworden sind, heißt das nicht, dass Sie es nie schaffen. Geben Sie nicht auf. Vielleicht können Sie den finanziellen Verlust ganz oder teilweise durch Sparen in der Haushaltsführung wieder auffangen. Vielleicht können Sie die Ware doch noch zurückgeben oder die Bestellung stornieren. Versuchen Sie es wenigstens.

Analysieren Sie selbstkritisch, wie es zu dem Rückfall kommen konnte. Überlegen Sie, was Sie tun können, damit es nicht wieder passiert. Wäre es von nun an besser, Kataloge erst gar nicht durchzublättern? Sollten Sie in der nächsten Zeit Stadtbummel mit der kauffreudigen Kollegin meiden? Brauchen Sie vielleicht eine andere Strategie, um Stress und Frust abzubauen, damit es nicht zu Frustkäufen kommt? Joggen statt Kaufen?

Nehmen Sie sich lieber nicht vor, niemals einen Rückfall zu haben. Kämpfen Sie lieber darum, dass von Rückfall zu Rückfall die zeitlichen Abstände immer größer werden. Das macht es Ihnen leichter, einen Rückfall seelisch zu verkraften und immer wieder neu durchzustarten. Durch die immer länger werdenden Abstände erreichen Sie ganz automatisch das Ziel, eines Tages Ihr Ausgabenverhalten perfekt steuern zu können.

Schritt 3: Optimieren Sie Ihren Umgang mit dem Geld

Sie haben jetzt Ihren Weg in die Schuldenfreiheit vor sich liegen. Vielleicht denken Sie, dass Sie erst einmal Ihre Schulden ganz abbauen wollen, um sich danach den Kopf über einen besseren Umgang mit dem Geld zu zerbrechen. Diese Einstellung ist jedoch nicht klug. Es muss parallel laufen: Raus aus den Schulden und gleichzeitig einen optimalen Umgang mit Geld trainieren. Bedenken Sie bitte, dass das Verhalten, das Sie einmal hineingebracht hat in Ihr finanzielles Loch, unmöglich das gleiche Verhalten sein kann, das Sie dauerhaft schuldenfrei bleiben lässt. Mit dem gewohnten Verhalten riskieren Sie, bald erneut das Konto überziehen oder Geld leihen zu müssen. Das wollen Sie sicher nicht. Sie wollen auch nicht auf halbem Weg aus der Schuldenfalle wegen erneuter finanzieller Engpässe das Selbstvertrauen verlieren: »Ich schaffe es einfach nicht!«

Der kluge Umgang mit dem eigenen Geld hilft Ihnen nicht nur, schneller die bestehenden Schulden abzubauen, er ist für Sie auch die Antwort auf die vierte der zentralen Fragen: »Wie sichere ich mich ab, damit mir das nie wieder passiert?« Fünf traditionelle Tugenden, wie in Bild 13, sind im Umgang mit dem Geld optimal. Wenn Sie diese Tugenden beherrschen, führen Sie ein »5-Sterne-Geldmanagement« und können sich darauf verlassen, in Zukunft ohne Geldsorgen zu leben.

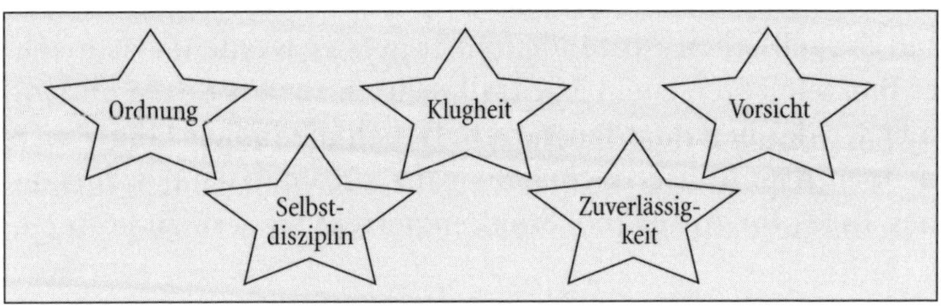

Bild 13: 5-Sterne-Geldmanagement

Ordnung

Sie haben beim ersten Schritt aus den Schulden Ihre Unterlagen zu allen finanziellen Angelegenheiten gesichtet, bearbeitet und geordnet. Behalten Sie diese Ordnung bei. »Zettelwirtschaft« und irgendwo abgelegte Briefe häufen sich ganz schnell. Je mehr ungeordnete Papiere herumliegen, desto schwerer wird es, sich endlich erneut aufzuraffen und sich darum zu kümmern. Nehmen Sie sich deshalb vor, täglich alles, was an neuer Post kommt, sofort zu öffnen, zu lesen, zu bearbeiten und in den richtigen Ordner abzuheften.

Erweitern Sie Ihr Ordnungssystem auch um Unterlagen, die nicht unmittelbar mit Ihrem Geld zu tun haben. In der Regel gehören zu einem gepflegten »Haushaltsbüro« Ordner zu diesen Sachgebieten:

- Bank (Kontoauszüge, Kopien von Überweisungen, Unterlagen zu Krediten, Hypotheken oder Geldanlagen etc.)
- Wohnen (Mietvertrag, Post vom Vermieter oder der Hausverwaltung, Miet- und Nebenkostenabrechnungen, alle Unterlagen zu Wasser, Gas, Strom etc.)
- Auto (Kaufvertrag, Rechnungen zu Reparaturen und Inspektionen, Ratenvereinbarungen, Belege vom TÜV, Papiere zu eingelagerten Winterreifen etc.)
- Gesundheit (Dokumente von der Krankenkasse, Quittungen von Praxisgebühren oder Medikamenten, Impfbuch etc.)
- Versicherungen (Verträge, Post von der Versicherung, Unterlagen zu von Ihnen in Anspruch genommenen Leistungen etc.)
- Finanzamt (Steuerbescheide, Quittungen etc.)
- Haushaltsgeräte (Kaufverträge, Garantiescheine, Quittungen, Gebrauchsanleitungen, Adressen von Wartungsfachleuten etc.)
- Behörden (Unterlagen vom Arbeits- oder Sozialamt oder anderen Ämtern, Meldezettel etc.)

- Persönliche Dokumente (Geburtsurkunde, Taufschein, Zeugnisse, Testament, Patientenverfügung, Ehevertrag etc.)
- Beruf (Arbeitsvertrag, Gehaltsabrechnungen, Protokolle von Beurteilungsgesprächen, Zertifikate von Lehrgängen etc.)

Gegebenenfalls legen Sie für jedes Ihrer Kinder eigene Ordner mit allen Dokumenten zu Gesundheit, Schule etc. an.
Vielleicht fragen Sie sich, wieso Ihnen die Ordner bei Ihrem Geldmanagement helfen können. Jeder Schuldnerberater kann Ihnen bestätigen, dass Chaos in den Papieren und verlorene Übersicht über die Finanzen Hand in Hand gehen. Gönnen Sie sich deshalb unbedingt irgendwo in Ihrer Wohnung einen Bereich, den Sie als »Haushaltsbüro« einrichten. Dort haben Sie neben den Ordnern alles an Schreibmaterial und Bürowerkzeugen (z. B. Locher und Hefter), was Sie brauchen, um dauerhaft den Überblick über die praktischen Aspekte Ihres Lebens zu behalten. Es wird Ihnen Freude machen und Ihr Selbstvertrauen stärken, wenn Sie sehen, wie gut Sie alles geordnet und somit im Griff haben!

Klugheit

Sie kennen sicherlich auch Menschen, die mit stolzem Unterton von sich selbst sagen: »Ich verstehe nichts von Geld«, oder: »Ich konnte noch nie mit Geld umgehen«, oder: »Geld ist mir nicht wichtig. Damit befasse ich mich nicht.« Diese Menschen versuchen, anderen und sich selbst einzureden, dass die Inkompetenz im Umgang mit dem Geld im Grunde ein Merkmal »edleren Charakters« ist. Sie sind angeblich zu fein, sich mit dem »schnöden Mammon« zu befassen. Frauen meinen manchmal auch, dass sie besonders liebenswürdig weiblich wirken, wenn sie von Geld nichts verstehen. Bitte legen Sie Wert darauf, sich sehr wohl mit Geld auszukennen und sehr wohl intelligent genug zu sein, ständig zum Thema Geld dazuzulernen! Als erwachsener Mensch lassen Sie sich in anderen Bereichen Ihres Lebens ja auch kein x für ein u vormachen. Warum dann beim Thema Geld? Beweisen Sie sich selbst und anderen Ihre Klugheit:

- Rechnen Sie mit, wenn man Ihnen bei Ratenkäufen (falls Sie die überhaupt noch machen!) vorzugaukeln versucht, es handele sich um ein günstiges Angebot.
  Beispiel: Im Möbelmarkt gibt es ein Regal zum Preis von 214,- Euro. Das angebliche Super-Sonder-Schnäppchen-Angebot bietet einen Ratenkauf zu folgenden Konditionen an: Der Kunde braucht erst nach einem halben Jahr mit den Raten zu beginnen. Jetzt sofort seien nur 25,- Euro zu bezahlen. Nach einem halben Jahr folgen 12 Monatsraten zu je nur 18,- Euro. Kunden, die nicht rechnen können, lassen sich blenden. Was sind schon 25,-Euro, wenn man sofort das Regal zu Hause aufstellen kann? Und dann nur die 18,- Euro pro Monat, das ist doch ein Klacks! Wenn Sie jedoch nachrechnen, kommt dabei heraus: 12 mal 18 sind 216 plus die angezahlten 25 Euro macht einen Gesamtpreis von 241,- Euro. Damit ist der Ratenkauf viel teurer! Bei einem billigen Regal mag es nicht so schlimm sein, aber beim Autokauf oder bei der Renovierung des Badezimmers etc. kann das sehr viel Geld sein!
- Gehen Sie mit dem Taschenrechner in den Supermarkt und rechnen Sie aus, ob Großpackungen tatsächlich billiger sind als kleine Packungen. Das ist sehr oft nicht der Fall!
  Beispiel: Im Regal des Supermarktes liegen Packungen mit jeweils 10 weihnachtlichen Teelichtern für 1,80 Euro. Neben dem Regal liegen in einem Wühltisch unter reißerischer Reklame Großpackungen mit 35 Teelichtern gleicher Sorte für nur 6,65 Euro. Tatsächlich greifen die meisten Kunden zu den Großpackungen! Sie lassen sich vom chaotischen Durcheinander auf dem Wühltisch weismachen, es hande-

le sich wirklich um Schnäppchenware. Ausrechnen können sie nicht, ob 10 für 1,80 Euro teurer sind als 35 für 6,65 Euro. Mit dem Taschenrechner wäre es einfach gewesen: 1,80 geteilt durch 10 ist 18 Cent pro Teelicht. 6,65 geteilt durch 35 ist 19 Cent pro Teelicht. Auf solche Tricks der Händler sollten Sie nicht hereinfallen!

- Fragen Sie Bankberatern, Versicherungsvertretern und anderen, die Geldgeschäfte mit Ihnen machen wollen, Löcher in den Bauch. Bedenken Sie bitte, dass diese Berater und Vertreter oft bewusst Fachbegriffe verwenden, die den Kunden nicht geläufig sind, dass sie absichtlich blitzschnell an ihren Laptops etwas vorrechnen, was niemand so schnell mitrechnen kann, und dass sie in Seminaren lernen, wie sie schauspielerisch geschickt Vertrauenswürdigkeit in Kombination mit geistiger Überlegenheit vermitteln können! Als Laie fühlt man sich unterlegen und unterschreibt am Ende etwas, das man nicht wirklich verstanden hat. Der Berater oder Vertreter bekommt Provision, sein Arbeitgeber macht mehr Umsatz, der Kunde bezahlt mehr als nötig. Dieser Kunde sollten in Zukunft nicht mehr Sie sein! Seien Sie so klug, jeden Berater und Vertreter ins Kreuzverhör zu nehmen, niemals sofort etwas zu unterschreiben und alles erst einmal schriftlich zu verlangen, damit Sie es vor der Unterschrift mit nach Hause nehmen und einem Dritten zeigen können. Wer Ihnen Druck macht, weil angeblich das gute Angebot nur kurzfristig gilt, sollte von Ihnen gleich eine Abfuhr bekommen. Wer Sie zu einer Unterschrift drängt, will Sie mit Sicherheit »über den Tisch ziehen«! Klugheit im Umgang mit Geld bedeutet in erster Linie die Fähigkeit zum Rechnen und das gesunde Misstrauen gegenüber Menschen, die darauf bauen, dass Kunden nicht rechnen können oder mögen.

Vorsicht

Seien Sie sehr vorsichtig bei größeren finanziellen Projekten wie Auto- oder Hauskauf. Gehen Sie nicht davon aus, dass Ihre heutigen monatlichen Einnahmen auch in Zukunft noch so kommen wie bisher.

Beispiel: Das Ehepaar Lea und Sascha verdient gut. Beide sind in festen Positionen bei gesunden Unternehmen. Für sie gibt es keine Bedrohung, arbeitslos zu werden. Sie sind qualifiziert, bei ihren Chefs gut angesehen und können sich darauf verlassen, dass die Firma auch in Zukunft am Markt ihren Platz behaupten wird. Lea und Sascha haben sich entschlossen, von Miete zu Eigenheim zu wechseln. Hätten sie vorsichtshalber eine Wohnung gekauft, wären sie nie in Schulden geraten. Doch es musste ein Haus sein. Bei ihren guten Gehältern konnten sie jahrelang ganz problemlos abzahlen. Aber dann änderte sich bei Saschas Arbeitgeber die Firmenpolitik. Der Bereich, in dem er tätig war, wurde nach Düsseldorf verlegt. Wegen des Hauses und Leas guter Stelle in ihrer Firma konnte Sascha das Angebot seines Chefs, mit nach Düsseldorf zu gehen, nicht annehmen. Mehrere Monate suchte er vergeblich einen neuen Job. Die beiden blieben der Bank Raten schuldig. Dann fand Sascha neue Arbeit zu deutlich geringerem Gehalt. Als seine neue Firma in den Konkurs ging, war es schnell vorbei mit dem Haus. Heute wohnen die beiden wieder zur Miete und haben noch einen Berg Schulden abzutragen.

Jetzt ist ihnen auch klar, dass es damals besser gewesen wäre, die Finanzierung eines Eigenheims so zu planen, dass notfalls einer von beiden die monatlichen Belastungen allein hätte tragen können.

Bitte denken auch Sie bei solchen größeren Projekten immer an »Netz und doppelten Boden«. Rechnen Sie vorsichtshalber so, dass zum Beispiel der Arbeitsplatzverlust, eine längere Krankheit oder ein anderer Schicksalsschlag Ihre

Finanzierung nicht zunichtemacht. Kaufen Sie lieber ein kleineres Auto, eine günstigere Wohnung etc.

Seien Sie auf jeden Falls zu vorsichtig, Geld auszugeben, das Sie zwar erwarten, jedoch noch nicht haben. Verlassen Sie sich nicht darauf, den Dispo mit dem nächsten Weihnachtsgeld auszugleichen. Buchen Sie noch nicht den Urlaub, den Sie mit dem Geld bezahlen wollen, das Ihnen Ihr Bruder noch schuldet. Er mag fest versprochen haben, rechtzeitig zurückzuzahlen, aber wer weiß, wo er sich verkalkuliert hat. Womöglich würde er zwar gerne bezahlen, kann jedoch nicht. Vorsicht bedeutet demnach zweierlei:

- Geben Sie nur das Geld aus, das Sie bereits in der Tasche oder auf dem Konto haben.
- Planen Sie größere Investitionen so, dass auch bei unerwarteten Schicksalsschlägen nicht das finanzielle Aus droht.

Selbstdisziplin

Oft sind es gar nicht die großen Investitionen, die Löcher ins Portemonnaie reißen, sondern die vielen kleinen Ausgaben. Sie kennen sicherlich auch Redewendungen wie: »Dem sitzt das Geld zu locker.« – »Ihr brennt das Geld in der Tasche.« – »Er wirft das Geld mit beiden Händen aus dem Fenster.« – »Sie lässt das Geld zum Schornstein hinausgehen.« Das sind alles Redewendungen über zu leichtfertigen Umgang mit Geld. Man kauft spontan, was man gerade sieht, aber nicht wirklich braucht. Das ist Mangel an Selbstdisziplin. Ausgaben werden nicht geplant, Wünsche werden sofort erfüllt, Kleinbeträge werden unterschätzt.

Trainieren Sie bewusst Ihre Selbstdisziplin im Umgang mit Ihrem Geld:

- Betrachten Sie nicht mehr jeden Stadtbummel gleich auch als Einkaufsbummel. Schauen Sie sich die Auslagen in den Schaufenstern ruhig an, kommen Sie jedoch nach Hause ohne neue Schuhe, Pullis, Bücher oder was Sie sonst noch gerne kaufen.

- Halten Sie es aus, wenn Sie im Schaufenster etwas Schönes sehen und sogar das notwendige Geld in der Tasche haben und trotzdem nicht kaufen.
- Schreiben Sie vor Ihrem Einkauf im Supermarkt einen Einkaufszettel. Nehmen Sie dann auch nur das mit, was auf dem Zettel steht. Lassen Sie sich nicht von Sonderangeboten verleiten, mehr zu kaufen als geplant.
- Betrachten Sie Ihren Dispo als absolut tabu. Der ist wirklich nur als Überbrückung für Notfälle gedacht. Er ist tabu für schicke Klamotten oder andere »Lustkäufe«, die letztlich nur deshalb plötzlich so dringend werden, weil man gerade etwas Verlockendes im Laden gesehen hat.
- Verzichten Sie bewusst auf teure Markenware, wenn es auch günstigere und ebenso gute Alternativen gibt. Es muss zum Beispiel nicht unbedingt die Edeljeans vom Designer oder die teure Handtasche mit dem bekannten Label sein. Sie müssen auch nicht den Wasserkocher oder den Messerblock zum Statussymbol zu machen. Es reicht, wenn Sie funktionierende und sichere Produkte ohne bekannte Herstellernamen kaufen. Sobald Sie völlig schuldenfrei sind, können Sie ja gerne wieder Designerkleidung und andere edle Dinge kaufen. Aber machen Sie sich immer wieder bewusst, dass das Luxus ist. Das kann man sich nur leisten, wenn man es sich leisten kann!
- Verzichten Sie bewusst darauf, immer sofort das Neueste haben zu wollen. Sie brauchen nicht wirklich jedes Jahr ein neues Handy, nur weil die neueren Modelle noch mehr Funktionen haben. Sie brauchen auch nicht jedes halbe Jahr ein komplett neues Outfit, nur weil sich die Mode geändert hat.
- Lassen Sie sich nicht zu ungeplanten Nebenkäufen verführen. Verkäufer werden von ihren Arbeitgebern in der Kunst des »Cross Selling« ausgebildet. Das bedeutet, dass die Ver-

käuferin in der Boutique versuchen soll, Ihnen zum neuen Kleid auch gleich einen Gürtel und ein Tuch zu verkaufen. Im Laden für Büroartikel werden Sie animiert, passend zum Ordner auch gleich ein Zehnerpack selbstklebender Etiketten mitzunehmen. Im Schuhgeschäft versucht man, Ihnen auch das pflegende Lederspray aufzudrängen und so weiter. Beim Friseur bekommen Sie das Angebot, günstige Pflegemittel zu erwerben. Im Vergleich zum Preis des Artikels oder der Leistung, die Sie eigentlich haben wollten, sind die Preise der Nebenkäufe niedrig. Was sind schon 6,30 Euro für ein supergutes Lederspray, wenn die neuen Stiefel 132,- Euro gekostet haben? Fast nichts. Genau dieser Gedanke soll Ihnen durch den Kopf gehen, damit Sie nicht merken, wie man Ihnen ganz einfach »das Geld aus der Tasche zieht«.

Achten Sie ab sofort vor allem auf die kleinen Summen, die Sie bisher vielleicht unterschätzt haben. Vor allem, wenn Sie unter sehr hohen Schulden leiden, könnten Sie beim Kauf einer Modezeitschrift für 3,50 Euro denken: »Das macht jetzt auch nichts mehr aus.« Doch, es macht etwas aus! Denken Sie an den Spruch: »Kleinvieh macht auch Mist.« Viele kleine achtlos akzeptierte Ausgaben summieren sich schnell zu großen Beträgen!

Zuverlässigkeit

Sorgen Sie dafür, dass Sie persönlich einen guten Ruf als Kunde haben. Das bedeutet nicht, dass Sie viel kaufen, sondern dass Sie pünktlich bezahlen. Legen Sie Rechnungen nicht erst einmal beiseite, weil es angeblich ja noch Zeit hat. Sie riskieren zweierlei: Sie denken nicht mehr an die Rechnung und sehen nur noch das Geld, das Sie auf dem Konto oder in der Tasche haben. Weil Sie sich noch in guter Barschaft wähnen, bestellen Sie weitere Waren, kaufen per Kreditkarte oder beauftragen Handwerker. Am Ende haben Sie einen Stapel unerledigter Rechnungen, die alle zusammen zu viel sind und Sie in einen finanziellen Engpass bringen. Womöglich vergessen Sie das Bezahlen, bekommen eine Mahnung und verderben sich so Ihren guten Ruf beim Händler oder Handwerker. Wenn es nur einmal passiert, wird Ihnen das nicht angekreidet. Im Wiederholungsfall setzt der Händler oder Handwerker Sie auf seine Liste der unzuverlässigen Kunden. Das heißt, dass Ihre Daten bei ihm ab sofort entsprechend gekennzeichnet sind. Handwerker kommen im Notfall nicht sofort, schicken den unfähigsten Kollegen oder arbeiten nur noch gegen Vorkasse. Versandhäuser liefern nur per Nachnahme und erst nachdem alle anderen Kunden beliefert sind und so weiter. Am Ende haben Sie unnötig Kosten, Wartezeiten und Ärger.

Die Tugenden Ordnung, Klugheit, Vorsicht, Selbstdisziplin und Zuverlässigkeit mögen vielleicht sehr traditionell und in ihrer Gesamtheit sogar spießig wirken, sie sind jedoch ideal im Umgang mit dem Geld. Lassen Sie sich auch nicht von Politikern in die Irre führen, die uns über die Medien zu mehr Konsum animieren wollen. Sie wollen, dass wir viel kaufen, damit die Wirtschaft brummt. Doch es ist noch nie vorgekommen, dass Politiker den Menschen, die brav gekauft und sich damit verschuldet haben, die Schulden erlassen hätten! Auch wenn es für die Wirtschaft gut sein mag, wenn viel konsumiert wird, für Sie ist es ein Desaster, wenn Sie zu viel kaufen!

Der optimale Umgang mit Ihrem Geld hilft Ihnen, so schnell wie möglich aus den Schulden herauszukommen und nie wieder in die Schuldenfalle zu geraten. Das muss Ihnen wichtiger sein als Konsum im Interesse der Wirtschaft!

Schritt 4: Üben Sie sich in der Kunst des Budgetierens

Sie wollen aus Ihren Schulden heraus und auch danach nie wieder in ein finanzielles Loch fallen. Das bedeutet, dass Sie mit dem Geld, das Ihnen monatlich zur Verfügung steht, klug umgehen müssen. Je knapper Sie bei Kasse sind, desto sorgfältiger muss Ihr Umgang mit dem Geld sein.

Wenn Sie ein Haushaltsbuch führen, können Sie immer nachschauen, wo Ihr Geld geblieben ist. Das ist eine wichtige Hilfe. Allerdings: Eigentlich ist es dann zu spät! Sie schreiben im Haushaltsbuch ja im Nachhinein auf, wie viel Sie wofür ausgegeben haben. Das Geld ist dann schon weg. Auch wenn Sie sich über bestimmte Ausgaben ärgern – ändern können Sie nichts mehr.

Beim Budgetieren ist das anders: Sie schreiben vorher auf, was Sie mit Ihrem Geld machen wollen. Sie planen rechtzeitig, wie viel Sie wofür ausgeben wollen, können oder müssen. Das gibt Ihnen die Chance, wichtige Ausgaben einzuplanen, um dann das notwendige Geld zur Verfügung zu haben. So können Sie souveräner steuern und behalten die Zügel Ihres »Finanzmanagements« in der Hand.

Außerdem macht Budgetieren mehr Spaß als das Führen eines Haushaltsbuchs. Im Haushaltsbuch müssen Sie, wenn es sinnvoll sein soll, pingelig genau alle einzelnen Ausgaben notieren. Irgendwann hat man dazu keine Lust mehr und lässt es sein. Beim Budgetieren planen Sie gröber. Sie teilen sich ein, wie viel Geld Sie zum Beispiel für die erste Woche im Monat zur Verfügung haben. Danach müssen Sie im Supermarkt oder beim Ausgehen nur im Auge behalten, dass Sie im geplanten Rahmen bleiben. Sie brauchen nicht mehr jeden Abend aufschreiben, wie viel Sie für Brot oder Zahncreme ausgegeben haben und wie viel im Café. Sie zerbrechen sich nicht mehr den Kopf, wo denn wohl die 2,50 Euro geblieben sind, die laut Ausgabenliste noch da sein müssten, aber nicht mehr da sind.

Das Budgetieren gibt Ihnen nicht nur mehr Spielraum mit dem Geld, es sichert Ihnen auch Ihren Erfolg beim Abbau Ihrer Schulden. Vielleicht haben Sie auch schon erlebt, dass Sie sich fest vorgenommen haben, eine Rate an einen Gläubiger zu bezahlen, sobald wieder Geld da ist. Und dann klappt es doch nicht, weil plötzlich eine Ausgabe hinzukommt, mit der Sie nicht gerechnet haben. Solche unerwarteten Ausgaben sind oft der Grund, warum vielen Schuldnern trotz bester Vorsätze immer wieder das Abzahlen misslingt, bis sie frustriert denken: »Das schaffe ich nie.« Damit das bei Ihnen nicht immer wieder passiert, planen Sie Ihr Budget vorher.

Das Budgetieren soll Ihnen auch den regelmäßigen Stress ersparen, am Monatsende nur noch Nudeln mit Ketchup essen zu müssen, weil der Kühlschrank genau so leer ist wie der Geldbeutel. Vielleicht kennen Sie auch den typischen Monatsrhythmus in der Haushaltsführung: Zu Beginn des Monats kommt das Gehalt, das Arbeitslosengeld, die Unterhaltszahlung oder was auch immer bei Ihnen fällig ist. Miete, Versicherungen, Kreditraten der Bank und so weiter gehen gleich wieder runter vom Konto. Der Rest steht Ihnen zur Verfügung. Es ist natürlich ein gutes Gefühl, nach der gerade überstandenen Ebbe im Portemonnaie am Ende des letzten Monats endlich wieder einkaufen zu können. Sie kaufen ein, was Sie brauchen: Brot, Wurst, Eier usw. Während Sie im Supermarkt durch die Gänge laufen, füllt sich der Einkaufswagen. Obwohl Sie im Grunde genau auf Sonderangebote achten, greifen Sie zwischendurch auch bei Dingen zu, die Sie eigentlich nicht wirklich brauchen. Sie nehmen von den leckeren Fertigpuddings mit, um sich für die magere Zeit des soeben überstandenen Monatsendes, als Sie gar nichts kaufen konnten, zu entschädigen. Bei der Lieblingsboutique gibt es gerade ganz süße T-Shirts. Davon gönnen Sie sich auch eines. Der Sommer steht schließlich vor der Tür. Außerdem muss auch mal wieder eine Flasche Sekt sein. Sie haben sich so lange nichts gegönnt. Und so weiter. Sie kennen bestimmt dieses

Phänomen, dass am Monatsanfang des Geld recht locker sitzt, weil man das Gefühl hat, es ist noch so viel da und man kommt bestimmt locker damit aus.

Auch wenn Sie sich eigentlich ganz bescheiden nur den einen oder anderen kleinen Luxus gönnen, besteht die Gefahr, dass das Einkaufen zu Beginn des Monats bereits die finanziellen Probleme am Monatsende verursacht. Am Anfang hat man leicht das Gefühl: »Das Geld wird reichen. So teuer sind die Sachen nicht. Es handelt sich doch nur um kleine Beträge.« Und dann wird es zwei oder drei Wochen später doch wieder eng. Erst sind die teuren Staubsaugerbeutel alle, dann muss Ihre Tochter Geld für Bastelsachen mit zur Schule bringen, dann brauchen Sie plötzlich ein Geschenk für einen Geburtstag, dann ist der Autotank leer, und ganz bestimmt müssen Sie jetzt auch noch Strafe zahlen, weil Sie nur zwei Minuten im Halteverbot standen. Wie verhext kommt eine unerwartete Ausgabe nach der anderen hinzu. Das Monatsende ist noch nicht erreicht, aber das Ende Ihrer finanziellen Möglichkeiten. Damit Ihnen das möglichst gar nicht oder wenigstens nicht so oft und nicht so heftig passiert, sollten Sie budgetieren. Wenn Sie das zwei Monate gemacht haben, werden Sie bereits Profi darin sein und Spaß daran haben. Probieren Sie es aus.

Ihre Budgetrechnung besteht aus fünf Schritten:

1. Sie stellen fest, wie viel Geld Ihnen für Ihre Haushaltsführung bleibt.

Sie bekommen Ihr Nettoeinkommen oder was Sie an regelmäßigen Einkünften haben. Davon gehen die Fixkosten gleich ab. Außerdem ziehen Sie den Betrag ab, den Sie laut Ihrer Entschuldungsstrategie für das Abzahlen Ihrer Schulden festgelegt haben. Der Rest ist das Geld, von dem Sie im nun anstehenden Monat leben können. Von diesem Haushaltsgeld werden Sie Lebensmittel, Hygieneartikel, S-Bahnkarte und so weiter kaufen.

2. Sie teilen das Haushaltsgeld pro Woche ein.
Rechnen Sie die Wochen zum Beispiel von Montag bis Sonntag, wenn Montag Ihr Einkaufstag ist. Wenn Sie stets am Samstag einkaufen, dann geht Ihre Woche von Samstag bis Freitag. Die halben Wochen zu Beginn und Ende des Monats rechnen Sie einfach als ganze Wochen, jedoch mit geringerem Geldbetrag. Später, wenn Sie ein ausgefuchster Budget-Profi sind, können Sie ohne halbe Wochen planen, weil Sie dann ja nie mehr am Monatsende pleite sind. Dann geht Ihre Budgetplanung ganz einfach über Monatsgrenzen hinweg.

3. Sie planen erwartete Sonderausgaben ein.
Nun überdenken Sie den kommenden Monat. Mit welchen Sonderausgaben ist zu rechnen? Das können Geschenke für Geburtstage sein oder der fällige Friseurbesuch. Müssen Sie Praxisgebühr bezahlen oder tanken? Braucht Ihre Tochter Geld für den Schulausflug oder Ihr Sohn neue Fußballschuhe? Haben Sie den Kindern einen Zoobesuch versprochen? Wollten Sie einen neuen Mantel kaufen? Schreiben Sie auf, welche Sonderausgaben in welcher Höhe auf Sie zukommen werden. Rechnen Sie sorgfältig nach, ob die Summe der Wochenbudgets und der Sonderausgaben im Rahmen des für den Monat verfügbaren Haushaltsgeldes sind. Notfalls schieben Sie zum Beispiel den Friseurbesuch doch noch in den nächsten Monat oder knapsen von dem Budget für eine der Wochen etwas ab oder finden sich mit einem billigeren Mantel ab.

Wichtig ist, dass Sie am Anfang planen, wie viel Geld Sie bis zum Ende des Monats brauchen. Sie wollen nicht zu Beginn mit vollem Geldbeutel zum Friseur gehen, den Tag dann auch noch mit einer kleinen Shopping-Tour durch die Innenstadt krönen und dann zwei Wochen später der Tochter sagen, es sei leider kein Geld für den Schulausflug da oder mit einem Gläubiger telefonieren, weil es leider mit den Raten diesen Monat nicht klappt.

4. Sie legen einen Betrag zurück zum Ansparen einer zukünftigen größeren Sonderausgabe.
Nachdem Sie den kommenden Monat überdacht haben, überlegen Sie nun die nähere oder auch etwas fernere Zukunft. Welche Ausgaben können Sie jetzt schon auf sich zukommen sehen? Muss zum Beispiel Ihr Auto in drei Monaten zum TÜV? Ist bei der Gelegenheit auch mit Reparaturen zu rechnen? Wollen Sie im Sommer in Urlaub fahren? Wohin? Was wird das ungefähr kosten? Planen Sie, im Laufe der nächsten zwei Jahre die Wohnung zu verschönern? Wollen Sie renovieren, neue Möbel kaufen oder die Terrasse überdachen? Fassen Sie jetzt den Entschluss, für solche Ausgaben nicht wieder Kredite aufnehmen zu müssen. Sparen Sie auf solche Ziele hin jeden Monat wenigstens etwas Geld an. Wenn irgend möglich, sollten solche Ausgaben auf Anhieb bezahlt werden. Wenigstens sollten die eventuell doch notwendigen Kredite oder Zugriffe auf den Dispo minimal sein.

Nehmen Sie das Geld, dass Sie für zukünftige Ausgaben ansparen wollen, zu Beginn des Monats aus Ihrem Haushaltsgeld heraus. Deponieren Sie es auf dem Sparkonto. Hauptsache, es geht nicht in den allgemeinen Ausgaben unter!

Die Vorfreude auf neue Möbel oder auf den Urlaub oder was auch immer Sie sich vorgenommen haben, könnte Sie auch motivieren, sich heute an bestimmten Stellen etwas einzuschränken. Wichtig ist, dass Sie nicht (wieder?) jeden Monat alles Geld ausgeben, sich bei größeren Anschaffungen auf Kredite verlassen und dann unversehens erneut in die Schuldenfalle stürzen.

5. Sie legen einen »Notgroschen« als »Geldpolster« für Unerwartetes zurück.
Auch mit der besten Budgetplanung sind Sie immer noch kein Hellseher. So ganz genau kann man nie im Voraus wissen, welche Kosten im Laufe des Monats auf einen zukommen. Deshalb sollten Sie nicht zu knapp budgetieren. Legen Sie ei-

nen kleinen Betrag beiseite, um gegebenenfalls unerwartete Kosten abdecken zu können. Vielleicht ist die Reparatur eines Haushaltsgeräts notwendig; oder Sie bekommen eine Strafe aufgebrummt, weil Sie an der Ampel noch schnell bei »Dunkelgelb« über die Kreuzung geflitzt sind. Solche Kosten können Sie unmöglich im Budget eingeplant haben.

Der »Notgroschen« ist für solche Notfälle gedacht. Er soll Ihnen als Polster gegen die Härten unerwarteter Kosten dienen. Wenn eben möglich, sollten Sie dennoch versuchen, auch unerwartete Ausgaben zumindest teilweise über das Haushaltsbudget abzudecken. Wenn eben möglich, sollten Sie den »Notgroschen« gar nicht anfassen und statt dessen von Monat zu Monat versuchen, damit das »Geldpolster« zu vergrößern. Sobald Sie Ihre Schulden los sind, können Sie sich einen Betrag von etwa zwei bis drei Monatseinkommen als »eiserne Reserve« zusammensparen. Denken Sie an Notfälle wie zum Beispiel eine längere Krankheit oder Phasen der Arbeitslosigkeit. Ein kleines »Geldpolster« wirkt dann sehr beruhigend! Jetzt fragen Sie sich vielleicht, was es soll, zwei verschiedene »Spartöpfe« anzulegen. Einmal sparen Sie auf eine demnächst größere Investition oder ein Ziel hin und dazu soll noch mal extra der »Notgroschen« angespart werden. Sie fragen sich, warum Sie beides nicht einfach verknüpfen können? Sie legen einfach etwas Geld beiseite und nehmen davon im Notfall, was Sie brauchen, und nehmen das, was im Laufe der nächsten Monate nicht gebraucht wurde, für die dann fällige größere Anschaffung.

Aus psychologischen Gründen ist es jedoch besser, die beiden »Spartöpfe« zu trennen. Wenn Sie zum Beispiel in zwei Jahren eine neue Küche kaufen wollen, dann freuen Sie sich, wenn Sie jeden Monat den dafür schon angesparten Betrag wachsen sehen. Wenn Sie dann plötzlich für eine größere Autoreparatur davon wieder Geld wegnehmen müssen, ist der Frust groß. Vor Enttäuschung könnten Sie denken: »Das schaffe ich nicht, die neue Küche erst anzusparen. Ich kaufe sie lieber auf Kredit. Da kann ich sie schon bald haben, und abzahlen geht leichter als ansparen.« Schon hat die Schuldenfalle erneut zugeschnappt!

Wenn es sich bei Ihnen um größere Beträge handelt, weil Sie zum Beispiel auf eine Wohnung sparen, dann können Sie mit der Bank dafür eine zinsgünstige längerfristige Anlageform vereinbaren. Den »Notgroschen« legen Sie dagegen einfach aufs Sparbuch. Das gibt zwar nicht so gute Zinsen, ist jedoch im Notfall schnell flüssig.

Auf Bild 14 sehen Sie, wie Sie Ihre monatlichen Einnahmen verteilen. Probieren Sie es aus. Sie werden bald merken, dass das planerische Vorgehen Ihnen hilft, Ihre Entschuldungsstrategie einzuhalten.

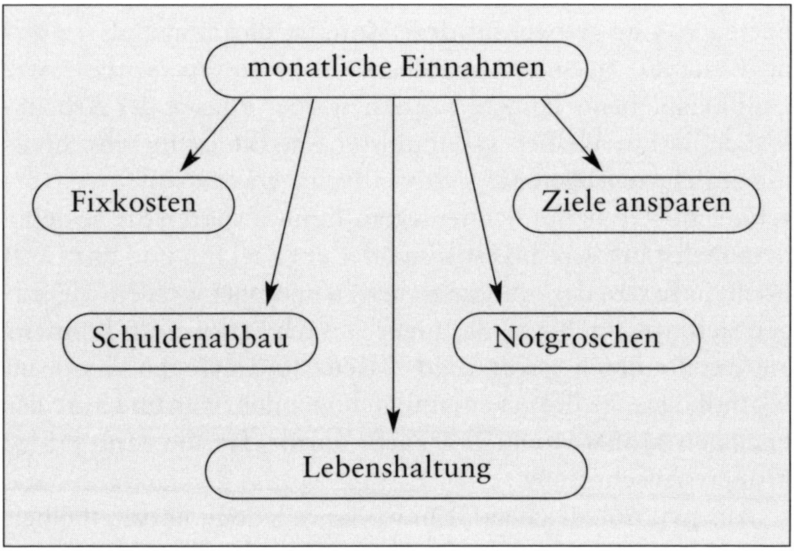

Bild 14: Aufteilung der monatlichen Einnahmen

Machen Sie Ihre Budgetplanung jeden Monat schriftlich, wie in Bild 15 dargestellt. So haben Sie es vor Augen und können sich leichter daran halten.

Monat: April		Verfügbar: 520,-
	Haushaltsbudget	Sonderausgaben
1. Woche (Mi.–So.)	60,-	Friseur: 30,-
2. Woche (Mo.–So.)	80,-	Tanken: 40,-
3. Woche (Mo.–So.)	80,-	
4. Woche (Mo.–So.)	80,-	
5. Woche (Mo.–Do.)	70,-	Tanken: 40,-
Notgroschen: 60,-		Ansparen (Urlaub): 20,-

Bild 15: Budgetplanung für einen Monat

Am Ende des Monats, bevor Sie Ihre Budgetierung für den nächsten Monat machen, überlegen Sie rückblickend:

- Wie ist es mir gelungen, diesen Monat in meinem Budget zu bleiben?
- Wo und warum ist es mir nicht gelungen, im Rahmen meiner Planung zu bleiben?
- Welche Ausgaben, Kosten oder Preise habe ich falsch oder gar nicht eingeschätzt?

Mit den Erfahrungen des vergangenen Monats im Kopf budgetieren Sie dann den nächsten Monat. Seien Sie bitte nicht enttäuscht, wenn Sie leider mal wieder beim Geldausgeben zu leichtfertig waren. Das passiert jedem immer mal wieder. Bleiben Sie trotzdem dran. Das Budgetieren läuft von Mal zu Mal besser. Sie können mit jedem neuen Monat genauer einschätzen, wie viel Geld Sie wofür brauchen. Auf das Haushaltsbuch können Sie dann verzichten. Wenn Sie vorher planen, was Sie mit Ihrem Geld machen wollen, brauchen Sie hinterher nicht mehr aufzuschreiben, wo es geblieben ist. Sie haben dann Ihre Ausgaben im Griff. Das ist der sicherste Weg, aus den Schulden herauszukommen und auch für immer schuldenfrei zu bleiben.

Schritt 5: Nutzen Sie selbstbewusst Hilfsangebote

Wenn Sie erkennen, dass Sie allein mit Ihren Schulden nicht mehr klarkommen und keinen Ausweg aus der Schuldenfalle sehen, dann lassen Sie sich helfen! Wenn Ihnen Ihre Gläubiger Druck machen, dem Sie sich nicht gewachsen fühlen, oder Ihnen Inkassobüros »an den Hals hetzen«, dann holen Sie sich einen professionellen Verbündeten! Oder Sie sind durch Arbeitslosigkeit, schwere Krankheit oder Todesfall über den Schuldenstress hinaus emotional so schwer belastet, dass Sie es einfach nicht mehr packen, mit kühlem Kopf Ihre Zahlen in den Griff zu bekommen, dann wenden Sie sich an einen Berater, der mit Ihnen gemeinsam die Probleme angeht. Wenn Ihnen die ganze Geschichte mit den Schulden und sonstigen Problemen einfach über den Kopf wächst, dann machen Sie bitte schnell einen Termin bei einem seriösen Schuldnerberater.

Bedenken Sie, dass seriöse Schuldnerberater heute so viele Klienten zu beraten und betreuen haben, dass Sie mit Wartezeiten rechnen müssen. Rufen Sie deshalb lieber heute als morgen an.

Wie kommen Sie an einen seriösen Schuldnerberater? Hüten Sie sich vor den »Haifischen«, die sich zur Zeit am Markt tummeln! Wenden Sie sich auf keinen Fall an Schuldnerberater, die in Kleinanzeigen oder übers Internet auf sich aufmerksam machen. Das sind »Haifische«. Sie können getrost davon ausgehen, dass Schuldnerberater, die für ihre Leistungen Werbung machen, unseriös sind. Die wollen Ihnen keineswegs dabei helfen, aus Ihrem finanziellen Tief herauszukommen. Denen geht es nur darum, selber Geld zu verdienen. Die wollen Sie abschröpfen und reißen Sie damit nur noch tiefer ins Desaster! Das Gleiche gilt für die Schuldnerberater, die Ihnen persönliche Anschreiben mit der Post zukommen lassen, um Ihnen ihre Dienste mit verführerischen Versprechungen anzubieten. Vorsicht! Diese »Haifische« haben Ihre Adresse und Informationen zu Ihrer Lage neben denen vieler anderen Schuldner gekauft, um aus Ihrer verzweifelten Lage für sich Kapital zu schlagen. Lassen Sie sich auf keinen Fall darauf ein!

Die seriösen Schuldnerberater sind so überlastet, dass sie gar keine Zeit hätten, sich mit Werbung zu befassen. Sie brauchen auch nicht noch mehr Klienten, als ohnehin schon auf ihrer Warteliste stehen. Seriöse Schuldnerberater finden Sie über die bekannten Wohlfahrtseinrichtungen wie Caritas, Diakonie, Arbeiterwohlfahrt usw. Sie können sich diesbezüglich auch bei Ihrem Rathaus oder Gemeindeamt erkundigen. Dort nennt man Ihnen die Anlaufstelle Ihrer örtlichen Schuldnerberatung.

Seriös können auch Rechtsanwälte oder Steuerberater in der Schuldnerberatung tätig sein. Allerdings müssen Sie dort oft ein hohes Honorar bezahlen. Das kann sich auf mehrere Tausend Euro belaufen. Mit anderen Worten: Sie bekommen zwar seriöse Beratung, allerdings dazu auch neue Schulden. Wollen Sie das wirklich? Da geht es Ihnen auf jeden Fall besser bei den Beratern der Wohlfahrtseinrichtungen. Die helfen Ihnen kostenlos. Eventuell bezahlen Sie einen kleinen Betrag für Porto oder Kopien.

Bitte betrachten Sie es nicht als persönliche Niederlage oder gar als peinlich, wenn Sie sich Hilfe für Ihre finanziellen Probleme holen. Wir leben heute in einer komplizierten Welt und holen uns alle gelegentlich in dieser oder jener Angelegenheit Hilfe oder Beratung. Die eine braucht Eheberatung, der andere geht mit Erziehungsproblemen zur Erziehungsberatung. Die eine fühlt sich im Job unwohl und holt sich Berufs- oder Karriereberatung, der andere ist mit seinem Äußeren unzufrieden und leistet sich eine Stil- oder Farbberatung. Und so weiter. In dieser komplizierten Welt ist es nur vernünftig, wenn Fachleute sich in bestimmten Fachrichtungen spezialisieren und ihr Können und Wissen anbieten. Auch die Experten selbst holen sich bei Bedarf Hilfe und Beratung. Die Farbberaterin geht zum Beispiel zur Eheberatung, der Schuldnerberater vertraut sich einem Erziehungsberater an, wenn ihm die Probleme mit den Kindern über den Kopf wachsen. Niemand kann alles alleine meistern! Wenden Sie sich deshalb trotz Ihrer Sorgen selbstbewusst an den Schuldnerberater.

Wenn Sie klug sind, dann melden Sie sich im Zweifel lieber zu früh als zu spät beim Schuldnerberater an. Vielleicht brauchen Sie ja auch nur ein paar Tipps, die Ihnen weiterhelfen, um dann alleine den Rest zur Entschuldung zu schaffen. Oder Sie brauchen eine längere Begleitung auf dem Weg raus aus den Schulden.

Wichtig ist, dass Sie dem seriösen Schuldnerberater volles Vertrauen schenken. Breiten Sie Ihre finanziellen Sorgen mit allen Ursachen und Nebenwirkungen vor ihm aus. Sprechen Sie gegebenenfalls auch ganz offen über weitere Probleme, die Sie belasten. Vielleicht kämpfen Sie mit dem Alkohol oder leiden unter einer schwierigen Partnerschaft. Das alles muss und darf der Schuldnerberater wissen. Nur dann kann er Ihnen helfen und den für Sie richtigen Weg mit Ihnen finden. Seien Sie nicht verschämt. Was immer Ihre Geschichte ist, so oder ähnlich und oft noch viel dramatischer kennt jeder Schuldnerberater sie aus anderen Fällen.

Wussten Sie, dass viele Schuldnerberater sich ihren Beruf bewusst gewählt haben, weil sie selbst oder nahe Angehörige ebenfalls einmal in Schulden versackt waren? Ganz oft steckt das Motiv eigener Erfahrungen hinter dieser Berufswahl. Die Schuldnerberater wissen, wie schwer es ist, wenn einem die finanziellen Sorgen zu viel werden, deshalb wollen sie helfen. Verlassen Sie sich darauf: Auch Ihr Schuldnerberater kann Sie verstehen und steht auf Ihrer Seite, sofern Sie sich an seinen oder ihren Rat halten!

Nutzen Sie die Wartezeit bis zum Termin dazu, sich gut vorzubereiten. Sie ordnen Ihre Unterlagen wie oben beschrieben so, dass der Schuldnerberater daraus schnell einen Überblick über Ihren aktuellen Schuldenstand bekommt. Ebenso bereiten Sie alle Belege zu Ihren Einnahmen vor. Schreiben Sie auch auf, welche Fixkosten jeden Monat gleich vom Konto abgehen und welche Ausgaben zu Ihrem Alltag gehören. Der Schuldnerberater braucht einen genauen Einblick in alle Ihre Lebenshaltungskosten. Das geht von der Miete über Telefonkosten bis zum Katzenfutter. Nur dann ist eine fundierte Beratung möglich.

Je nach Sachlage in Ihrem Fall wird der Schuldnerberater Ihnen zu einem der drei möglichen Wege aus der Schuldenfalle raten:

- Entschuldungsstrategie in Raten
- Vergleich mit den Gläubigern
- Insolvenzverfahren

Er wird Ihnen die jeweilige Vorgehensweise und die Konsequenzen für Sie erläutern und Ihnen dabei helfen, den eingeschlagenen Weg dann auch zu gehen.

Entschuldungsstrategie in Raten

Der Schuldnerberater kann auf der Grundlage Ihrer geordneten Unterlagen gemeinsam mit Ihnen einen Ratenplan erarbeiten. Manchmal kann der Profi besser beurteilen, welche Gläubiger vorrangig zu behandeln sind oder wo in der Haushaltsführung noch Einsparmöglichkeiten sind, um mehr Geld für die Raten zu haben.

Der Schuldnerberater kann Ihnen auch Musterbriefe für Ihren Schriftverkehr mit den Gläubigern zur Verfügung stellen oder mit Ihnen überlegen, wie Sie mit den Gläubigern telefonieren können, was Sie sagen oder lieber nicht sagen. Vor allem, wenn zwischen Ihnen und einem der Gläubiger bereits ein angespanntes Verhältnis herrscht, kann es hilfreich sein, wenn einmal nicht Sie persönlich mit dem Gläubiger reden, sondern ein neutraler Profi. Wenn nötig, wird der Schuldnerberater auch den Schriftverkehr, zumindest teilweise, für Sie übernehmen.

Sie bleiben auf keinen Fall mit Ihren Sorgen allein! Das hilft nicht nur Ihnen, sondern stimmt in der Regel auch die Gläubiger positiv. Wer vielleicht zuvor noch recht hart mit Ihnen umgegangen ist, wird entgegenkommender, wenn der Schuldnerberater sich einschaltet. Der Gläubiger erkennt, dass Sie endlich die offenen Geldprobleme anpacken und lösen wollen, sonst hätten Sie sich ja gar nicht an einen Schuldnerberater gewandt. Also wird er sich bemühen, mitzuarbeiten.

Sie dürfen allerdings nicht erwarten, dass der Schuldnerberater Ihnen alles aus der Hand nimmt. Gehen Sie auf keinen Fall mit einem Pappkarton oder mit einer Plastiktüte voller ungeöffneter Briefe zum Termin! Jeder seriöse Schuldnerberater ist so überarbeitet, dass er oder sie nicht auch noch für Sie als »Bürohilfskraft« arbeiten kann! Bringen Sie zuerst selbst Ihre Papiere in Ordnung. Zumindest müssen alle Briefe geöffnet und sortiert sein.

Sie dürfen auch auf keinen Fall dem Schuldnerberater immer wieder dadurch Knüppel zwischen die Beine werfen, dass Sie im Laufe der gemeinsamen Arbeitszeit immer wieder mit neuen Unterlagen über bisher noch nicht genannte Schulden auftauchen! Beim ersten Termin braucht der Schuldnerberater die vollständigen Informationen zu allen Ihren Schulden. Es darf nicht sein, dass Sie drei Wochen später erwähnen: »Ach ja, der Oma schulde ich auch noch dreihundert Euro.« Oder Sie kommen zum zweiten Termin mit einer Mahnung von einem Gläubiger, von dem beim ersten Termin noch nicht die Rede war. Solche nachträglichen Informationen machen die ganze bisherige Ratenplanung des Schuldnerberaters hinfällig!

Vergleich mit den Gläubigern

Wenn der Schuldnerberater erkennt, dass Sie, realistisch betrachtet, kaum eine Chance haben, Ihre Schulden in Raten abzustottern, kann er für Sie einen Vergleich mit den Gläubigern versuchen. Beim Vergleich sind die Gläubiger bereit, auf ihre vollständigen Forderungen gegen Sie zu verzichten, wenn Sie dafür einen kleineren Teil der Schulden sofort bezahlen.

»Lieber den Spatz in der Hand als die Taube auf dem Dach« lautet das Motto. Der Schuldnerberater macht den Gläubigern deutlich, dass Sie nicht in der Lage sind, alles zu bezahlen, und dass Ihnen deshalb wahrscheinlich nur noch die Insolvenz übrig bleibt. Die Gläubiger wissen, dass Ihre Insolvenz den Totalverlust der bei Ihnen noch ausstehenden Summe bedeutet. Also nehmen sie lieber den Teilbetrag und erklären rechtsverbindlich den Verzicht auf den Rest der Forderungen.

Der Teilbetrag muss dann allerdings sofort bezahlt werden! Das bedeutet, dass Sie zum Beispiel in der Familie jemanden finden, der Ihnen noch einmal Geld leiht. Ihr Schuldnerberater wird Ihnen ausrechnen, welche Summe benötigt wird, um alle Gläubiger zum Vergleich zu bringen. Das kann sich noch einmal auf einige Tausender belaufen. Erst einmal sind Sie dann Ihre bisherigen Schulden los bis auf die für den Vergleich geliehene Summe.

Wenn Sie jetzt zum Beispiel einen Schuldenberg von insgesamt 60 000,- Euro bei dreißig Gläubigern haben, und der Schuldnerberater holt Sie mit einer Summe von zum Beispiel 15 000,- Euro da raus, dann hört sich das doch schon ganz anders an. Die 15 000,- Euro können Sie in Raten abzahlen. Der weitere Vorteil ist, dass Sie nicht mehr mit dreißig Gläubigern zu kämpfen haben, sondern nur noch mit einem, der Ihnen ausgeholfen hat. Mit diesem müssen Sie auch nicht kämpfen, sondern zuverlässig so verfahren, wie Sie es vorher vereinbart haben. Das nimmt eine Menge Stress von Ihnen!

Insolvenzverfahren

Wenn Sie keine realistische Chance haben, Ihre Schulden in Raten abzuzahlen, und auch nicht den Weg über Vergleiche mit Ihren Gläubigern gehen können, dann wird der Schuldnerberater Ihnen raten, in die Insolvenz zu gehen.

Für viele Menschen weckt schon das Wort Horrorvisionen. Das muss gar nicht sein. Natürlich möchte niemand zahlungsunfähig werden. Wenn es jedoch nun einmal passiert ist, dann ist die Insolvenz immer noch besser als das endlose Leiden unter dem Druck der Gläubiger. Im Rahmen des Insolvenzverfahrens können Sie innerhalb von sechs Jahren schuldenfrei werden! Vielleicht kommen Ihnen die sechs Jahre sehr lang vor. Aber: Was ist die Alternative? Ohne ein absehbares Ende immer weiter Angst haben vor dem, was wohl im Briefkasten landet? Sechs Jahre und länger immer, wenn es klingelt, Angst haben, dass es der Gerichtsvollzieher oder jemand vom Inkassobüro ist? Dann doch lieber ins Insolvenzverfahren einsteigen und endlich wieder ruhig schlafen und angstfrei leben! Für Sie bedeutet es, dass Sie sich bemühen, über eine feste Arbeitsstelle Einkommen zu beziehen und so viel wie möglich von Ihren Schulden zu begleichen. Ihr Gehalt wird allerdings, soweit pfändbar, vom Arbeitgeber direkt an einen Treuhänder abgeführt. Dieser verteilt es dann für Sie an die Gläubiger. An Sie persönlich dürfen die Gläubiger nun nicht mehr herantreten. Allein dadurch bedeutet das Verfahren für Sie trotz der finanziellen Einschränkung eine große emotionale Entlastung.

Sie dürfen in der Zeit natürlich keine neuen Schulden machen! Sie müssen mit dem nicht pfändbaren Anteil Ihres Einkommens auskommen. Dafür haben Sie jedoch stets den festen Termin vor Augen, an dem Sie endlich schuldenfrei sein werden. Bestimmte Schulden werden vom Insolvenzverfahren jedoch nicht berührt. Das sind Unterhaltszahlungen für Kinder beim Expartner oder auch Geldstrafen.

Der Schuldnerberater wird Sie im Insolvenzverfahren über folgende fünf Stufen begleiten:

Stufe 1: Sie legen Ihre finanzielle Lage offen
Der Schuldnerberater sichtet Ihre Unterlagen und macht sich ein Bild über Ihre aktuelle Situation.

Stufe 2: Versuch einer außergerichtlichen Einigung
Der Schuldnerberater bemüht sich, wie oben beschrieben, mit Ihren Gläubigern zum Vergleich zu kommen. Dazu müssen jedoch alle Gläubiger zustimmen. Wenn das gelingt, sind Sie raus aus der Sache und müssen nur noch das abstottern, was Sie für die Vergleiche brauchen. Andernfalls geht es weiter.

Stufe 3: Versuch einer gerichtlichen Einigung
Beim Insolvenzgericht wird nun ein Antrag auf Eröffnung eines Insolvenzverfahrens gestellt. Der Schuldnerberater hilft Ihnen, das Formular richtig auszufüllen und die notwendigen Unterlagen beizulegen. Das Gericht wird prüfen, ob eine außergerichtliche Einigung versucht wurde. Außerdem will das Gericht einen Schuldenbereinigungsplan von Ihnen sehen, dazu eine Liste aller Ihrer Schulden und Gläubiger sowie ein Verzeichnis Ihres Vermögens. Diesem Antrag fügt der Schuldnerberater eine Entscheidungsempfehlung für das Gericht bei.

Das Gericht prüft, ob eine gerichtliche Einigung mit den Gläubigern erfolgreich sein könnte. Dabei wird vor allem auch die Empfehlung des Schuldnerberaters hinzugezogen. Die Gläubiger haben vier Wochen Zeit, sich zu äußern, ob sie ablehnen oder zustimmen. Wenn weniger als die Hälfte der Gläubiger ablehnt, kann das Gericht deren Zustimmung ersetzen.

Stufe 4: Das Insolvenzverfahren
Wenn eine gerichtliche Einigung nicht erreicht werden konnte, wird ein Treuhänder eingesetzt. Dessen Aufgabe ist es, das

Geld, das von Ihrem Einkommen pfändbar ist, an die Gläubiger zu verteilen. So erhalten die Gläubiger zwar nicht alles Geld, das Sie ihnen schulden, jedoch nach einem bestimmten Verteilungsschlüssel einen gewissen Anteil.

Ganz wichtig für Sie: Wenn ein Gläubiger herausfindet, dass Sie irgendwie »falsch gespielt« haben, dann kann er beantragen, dass Sie keine Restschuldbefreiung bekommen! Sie dürfen zum Beispiel nicht am Treuhänder vorbei einigen Gläubigern auf eigene Faust Geld zurückzahlen. Wehe Ihnen, wenn das einer der anderen herausfindet! Sie dürfen auch nicht auf die Idee kommen, sich nebenher noch Geld dazuzuverdienen, um trotz Gehaltspfändung einen hohen Lebensstandard zu halten.

Der Schuldnerberater wird Ihnen genau sagen, was Sie dürfen und müssen und was nicht. Seine Anweisungen sind für Sie oberstes Gebot! Wenn etwas schiefgeht, platzt das Verfahren und Sie haben mehr Schulden als zuvor! Und: Es dauert zehn Jahre, bis Sie noch einmal versuchen dürfen, mit einem Insolvenzverfahren die Schulden hinter sich zu lassen.

Stufe 5: Verfahren zur Befreiung von der Restschuld

Wenn Sie sich sechs Jahre lang peinlich genau an alle Auflagen gehalten haben, die Ihnen der Schuldnerberater erklärt hat, dann bekommen Sie am Ende vom Gericht die Restschuldbefreiung ausgesprochen. Das, was Sie bis dahin nicht abzahlen konnten, wird Ihnen nun erlassen. Sie sind schuldenfrei und wollen das dann natürlich auch bleiben.

Der Ablauf ist hier nur sehr verkürzt dargestellt. Bitte bedenken Sie, dass auf Sie und den Schuldnerberater eine Menge an Papierarbeit, Kommunikation und Wartezeiten auf Entscheidungen zukommen. Das eigentliche Insolvenzverfahren dauert sechs Jahre. Mit dem ganzen Drumherum der Wartezeiten und der Abwicklung kann es sich bis zu acht oder gar neun Jahre hinziehen! Deshalb sollten Sie schnell einen Termin mit dem Schuldnerberater vereinbaren und alles tun, was Sie können, damit das Verfahren zügig »über die Bühne gehen« kann.

Bedenken Sie bitte auch, dass Sie gefordert sind, Ihren guten Willen zu zeigen. Sie müssen sich um Arbeit bemühen und darum, den Job auf jeden Fall zu behalten. Sie müssen auch Einschränkungen in Kauf nehmen und Anweisungen vom Treuhänder akzeptieren. Er kann Sie zum Beispiel auffordern, Ihre Selbstständigkeit aufzugeben und einen Job im Anstellungsverhältnis anzunehmen. Der Treuhänder muss auch stets über alle Veränderungen bei Ihnen informiert werden. Ob Sie den Job wechseln, heiraten oder umziehen wollen – alles müssen Sie dem Treuhänder mitteilen. Das kann entmündigend wirken. Auf der anderen Seite ist es ein kleines Opfer in Anbetracht dessen, was auf dem Spiel steht: Freiheit von Schulden oder Rückfall ins Schuldenloch!

Viele Menschen trauen sich leider sehr lange nicht, überhaupt einen Termin beim Schuldnerberater zu machen. Sie empfinden es fälschlicherweise als peinlich, ihr finanzielles Problem nicht allein lösen zu können. Sehr viele Menschen haben Horrorgefühle bei dem Gedanken an eine Insolvenz. Fast alle, die dann doch diesen Weg gegangen sind, sagen schließlich: »Es ist eine große Erleichterung, mit kompetenter Begleitung dem Stress mit den Gläubigern ein Ende zu machen und sich positiv für das Ziel anzustrengen.«

Selbsttest: Brauchen Sie professionelle Schuldnerberatung?

Vielleicht sind Sie sich nicht sicher, ob Sie einen professionellen Schuldnerberater brauchen oder Ihren finanziellen Engpass allein meistern können. Wenn Sie nach der obigen Beschreibung eine klare Entschuldungsstrategie entwickelt haben und zuversichtlich davon ausgehen, wie geplant die mit den Gläubigern vereinbarten Raten bezahlen zu können, dann brauchen Sie keinen professionellen Schuldnerberater. Sie haben bereits die Zügel Ihres »Geldmanagements« im Griff und sind schon auf dem Weg raus aus den Schulden.

Wenn Sie jedoch unsicher sind, ob Sie es allein schaffen werden, dann kann Ihnen folgender Selbsttest mehr Klarheit geben. Bitte kreuzen Sie alle der folgenden Aussagen an, die auf Sie zutreffen:

1. Ich habe schon gelegentlich Geld leihen müssen, um dringende Raten bezahlen zu können. __
2. Ich weiß nicht genau, wie hoch meine Schulden wirklich sind. __
3. Ich kann einfach nicht mit Geld umgehen. Ich kaufe oft spontan Dinge, die ich mir gar nicht leisten kann. __
4. Ich allein könnte die Schulden meistern, aber mein Partner zieht nicht mit. Er/Sie gibt immer wieder zu viel aus. __
5. Ich kann öfter die fälligen Raten nicht bezahlen. Deshalb werden meine Schulden nicht weniger. __
6. Wegen meiner Geldsorgen kann ich oft nicht schlafen. __
7. Meine monatlichen Einnahmen sind geringer als meine Ausgaben. Deshalb werden meine Schulden immer größer. __
8. Ich habe Schulden, weil ich gutgläubig eine Bürgschaft unterschrieben habe. __
9. Ich habe seit Jahren immer wieder versucht, aus »den Miesen« zu kommen. Ich schaffe es jedoch nicht. __
10. Wegen meiner Schulden brauche ich Medikamente, um überhaupt mal zu entspannen und nachts schlafen zu können. __
11. Ich habe mich von einem Finanzberater zu einer Investition überreden lassen, die mir nicht den versprochenen Gewinn, sondern nur Schulden eingebracht hat. __
12. Ich kann wegen eines Schicksalsschlags (Arbeitslosigkeit,

Krankheit, Todesfall etc.) meinen finanziellen Verpflichtungen nicht mehr nachkommen. __

13. Ich habe mein Geld beim Glücksspiel verloren. Um die Verluste auszugleichen, habe ich leider mit geliehenem Geld weitergespielt. __
14. Wegen der Geldsorgen liegen meine Nerven blank. Deshalb verhalte ich mich gegenüber meinen Mitmenschen oft sehr reizbar. __
15. Meine Schulden sind so hoch, dass ich keine Chance habe, sie jemals loszuwerden. __
16. Ich öffne meine Post oft gar nicht mehr. __
17. Mein/e Partner/in ist Spieler/in (alkohol-/drogenabhängig, kaufsüchtig). Dadurch geht unser Geld verloren. __
18. Ich rauche (trinke, esse) viel mehr als früher. Nur so kann ich den Stress mit den Gläubigern ertragen. __
19. Ich bin auf einen Betrüger (Heiratsschwindler, schlechten Anlageberater u. Ä.) hereingefallen. __
20. Bei mir steht öfter mal der Gerichtsvollzieher vor der Tür. __
21. Ich habe Schulden, weil meine Selbstständigkeit / Firmengründung gescheitert ist. __
22. Ich blicke bei all den Rechnungen, Mahnungen und so weiter überhaupt nicht mehr durch. Manche Schreiben verstehe ich nicht einmal. __
23. Sehr oft kaufe ich Dinge, obwohl ich Ähnliches noch von früheren Einkaufstouren ungebraucht zu Hause habe. Manche Sachen sind sogar noch originalverpackt. __
24. Ich bekomme Druck von Inkassobüros. __
25. Oft kann ich mir am Monatsende nicht einmal mehr Lebensmittel kaufen. __
26. Ich weiß oft nicht mehr, wo mir der Kopf steht wegen der Geldprobleme. __
27. Ich bin nicht krankenversichert. __
28. Manchmal denke ich, dass ich mir etwas antue, weil ich so verzweifelt bin. __

29. Ich habe kein Konto mehr bei der Bank. __
30. Ich lebe nur noch von einem Tag zum nächsten. An die Zukunft mag ich lieber nicht denken. __

Wenn Sie auch nur eine der obigen Aussagen angekreuzt haben, ist das ein Warnhinweis, dass Sie wahrscheinlich eine professionelle Schuldnerberatung brauchen. Bitte fragen Sie sich noch einmal selbstkritisch: Handelt es sich bei Ihren aktuellen Geldproblemen nur um einen vorübergehenden Engpass oder leben Sie schon seit längerer Zeit mit Schulden? Werden Sie in absehbarer Zeit alle Ihre Schulden bezahlt haben oder gehört das Minus dauerhaft zu Ihrem Kontoauszug? Können sich Ihre Gläubiger bisher stets fest darauf verlassen, dass Sie geliehenes Geld pünktlich zurückzahlen und Ratenverträge wie vereinbart bedienen, oder müssen Sie immer wieder Gläubiger vertrösten? Die Antworten auf diese Fragen werden Ihnen sagen, ob Sie sich um einen Termin beim Schuldnerberater bemühen sollten.

Wenn Sie drei oder mehr der obigen Aussagen angekreuzt haben, dann ist sicher: Sie brauchen professionelle Begleitung auf dem Weg aus den Schulden. Schieben Sie es nicht auf die lange Bank. Rufen Sie heute noch an und bitten Sie um einen Termin.

Wenn Sie alle oder einige der Aussagen 1, 5, 7, 15 oder 21 angekreuzt haben, dann ist Ihr Schuldenberg für Sie zu groß. Damit Sie nicht bis zum »Sankt Nimmerleinstag« abzahlen müssen oder sogar von Monat zu Monat tiefer im Minus versinken, wird der Schuldnerberater mit Ihnen gemeinsam einen realistischen Ausweg suchen. Allein werden Sie es kaum bewältigen. Vertrauen Sie dem Profi.

Wenn Sie alle oder einige der Aussagen 2, 6, 10, 14, 16, 18, 22, 26, 28 oder 30 angekreuzt haben, dann sind Sie überfordert. Vielleicht sind Ihre Schulden besonders hoch. Vielleicht haben Sie es mit besonders harten Gläubigern zu tun. Vielleicht kämpfen Sie auch noch mit anderen persönlichen Problemen. Eines ist vermutlich gegeben: Ihre Geldsorgen sind für Sie bereits ein körperliches und/oder seelisches Gesundheitsrisiko! Spielen Sie bitte nicht den Helden, indem Sie die Probleme allein meistern wollen. Holen Sie sich die Hilfe eines Profis, bevor Sie so zermürbt sind, dass Sie ganz zusammenklappen. Sie werden es als große Erleichterung erleben, wenn der Schuldnerberater Ihnen einen Großteil der Belastungen abnimmt und Ihnen gangbare Wege aufzeigt.

Wenn Sie alle oder einige der Aussagen 3, 10, 13, 17, 18 oder 23 angekreuzt haben, dann besteht bei Ihnen oder Ihrem Partner neben den finanziellen Problemen wahrscheinlich auch ein Suchtproblem. Vielleicht sind die Schulden durch die Alkohol-, Kauf-, Drogen-, Ess- oder Spielsucht entstanden. Es kann natürlich auch umgekehrt passiert sein. Die Geldsorgen waren nur mit Alkohol, Tabletten oder Drogen erträglich. Unbemerkt hat sich der stetige Konsum in Missbrauch und schließlich in Richtung Sucht entwickelt. Oder Sie haben versucht, mit Glücksspielen genug zu gewinnen, um endlich die Schulden zu bezahlen. Irgendwann konnten Sie nicht mehr mit dem Spielen aufhören. Wie auch immer: Sie brauchen schnell Hilfe! Machen Sie heute noch einen Termin beim Schuldnerberater aus. Sollte sich die Wartezeit über mehrere Wochen hinziehen, gehen Sie inzwischen zur Suchtberatung. Dabei können Ihnen der Hausarzt, die Krankenkasse oder auch die Wohlfahrtseinrichtungen helfen. Wenn Ihr Partner das Suchtproblem hat und noch nicht bereit ist, sich helfen zu lassen, dann gehen wenigstens Sie zur Angehörigenberatung. Eines ist gewiss: Es gibt keinen Weg aus der Schuldenfalle, solange noch ein unerledigtes Suchtproblem besteht. Es gibt auch keinen Weg aus der Sucht, solange einen noch Geldsorgen quälen. Beide Probleme müssen parallel angepackt werden und können gleichzeitig gemeistert werden. Allerdings ist das für Betroffene allein nicht zu schaffen. Bei einer Sucht muss professionelle Hilfe in Anspruch genommen werden. Je früher, desto besser!

Kommen Sie Ihren Kaufmotiven auf die Spur

Machen Sie eine Bestandsaufnahme Ihres Besitzes

Sie wollen den Abbau Ihrer Schulden auch dadurch absichern, dass Sie überflüssige Ausgaben und unnötige Käufe meiden. Sie haben sicherlich bereits Abos, Mitgliedschaften und unwichtige Versicherungen gekündigt. Sie gehen vermutlich sparsamer mit Strom, Wasser, Heizung, Telefon, Benzin usw. um als zuvor. Ganz bestimmt planen Sie auch Ihre täglichen Einkäufe für den Haushalt preisbewusster. Das bringt Sie auf jeden Fall deutlich weiter auf dem Weg aus den Schulden.

In diesem Kapitel befassen Sie sich über solche Einsparansätze hinaus mit Ihren »Kaufmotiven«. Unter »Motiven« werden »Antreiber« verstanden, die einen Menschen dazu veranlassen, etwas überhaupt oder fortan mit mehr Energie als bisher zu tun. Sie wissen, dass Chefs sich darum bemühen, ihre Mitarbeiter zu motivieren. Das bedeutet, dass die Chefs ihre Mitarbeiter zu mehr Leistung antreiben wollen, ohne dass diese das Angetriebenwerden als unangenehmen Druck empfinden. Den Mitarbeitern soll es möglichst so vorkommen, als seien sie selbst interessiert daran, ihr Bestes zu geben. Der Job soll ihnen Spaß machen, dann tun sie ihn auch gerne. Sie sollen sich berufliche und materielle Vorteile davon versprechen, wenn sie viel leisten, denn dann strengen sie sich an. Dabei sind die einzelnen Mitarbeiter sehr verschieden in dem, was sie als motivierend empfinden. Manche arbeiten unter großem Einsatz, weil sie sich eine Beförderung oder eine Gehaltserhöhung versprechen. Andere lassen sich durch Lob vom Chef motivieren oder durch kleinere Anerkennungen wie zum Beispiel Blumen zum Geburtstag.

Ähnlich wie sich die Chefs in Führungstrainings darin schulen lassen, Mitarbeiter zu mehr Leistung zu motivieren, so lassen sich auch die Anbieter von Waren und Leistungen psychologisch darin schulen, wie man Kunden dazu motivieren kann, möglichst viel zu kaufen. Ähnlich wie sich die Mitarbeiter darin unterscheiden, was sie motiviert, so unterscheiden sich auch die Kunden darin, was sie zum Kaufen anregt. Manche Kunden greifen zu, wenn sie glauben, das gekaufte Produkt erhöht ihr Ansehen bei den Mitmenschen. Andere Kunden lassen sich zum Kaufen motivieren, wenn man ihnen vermittelt, es handele sich um ein Schnäppchen. Wieder andere Menschen lassen sich von Werbesprüchen überzeugen wie: »Sie haben es sich verdient.« Oder: »Man gönnt sich ja sonst nichts.« Sie kaufen, um sich selbst etwas Gutes zu tun.

Werbestrategen, Produktdesigner, Warenhäuser und Verkäufer bemühen sich, möglichst viele »Kaufmotive« anzusprechen. So soll sich jeder potenzielle Kunde verlockt fühlen: »Ja, das will ich haben!«

Wir, die Zielgruppe von psychologisch geschickter Werbung, wissen oft gar nicht so genau, was uns eigentlich innerlich dazu antreibt, bestimmte Dinge zu kaufen. Wir wundern oder ärgern uns nicht selten im Nachhinein: »Wieso habe ich mir das aufschwatzen lassen?« – »Wozu habe ich das eigentlich gekauft? Ich brauche es doch gar nicht.« – »Warum bin ich schon wieder schwach geworden und habe die Kreditkarte gezückt? Das reißt doch schon wieder ein Loch in mein Portemonnaie!«

Vor allem, wenn Sie durch Konsumkredite, Ratenkäufe und/oder zu großzügigen Gebrauch Ihrer Kreditkarte in Schulden geraten sind, oder jetzt Schwierigkeiten haben, bei Ihrer geplanten Abzahlstrategie zu bleiben, lohnt es sich für Sie, einmal nach Ihren »Kaufmotiven« oder inneren Antreibern zum Kaufen zu fahnden. Wenn Ihnen diese bewusst sind, dann finden Sie auch Antworten auf Fragen wie:

- Warum kaufe ich so viel?
- Was fehlt mir in meinem Leben, was ich durch Kaufen zu bekommen hoffe?
- Wo liegen bei mir die größten Risiken, dass ich trotz guter Vorsätze immer wieder mehr Geld ausgebe, als ich eigentlich will?
- Welche Botschaften der Werbung fallen bei mir eventuell zu leicht auf fruchtbaren Boden?

Sie wissen: »Gefahr erkannt, Gefahr gebannt!« Sie wollen überflüssige Käufe meiden, um zügig von den Schulden herunterzukommen.

Beispiel 1: Carola hatte ständig ihr Konto überzogen und musste immer wieder mit Urlaubs- oder Weihnachtsgeld für Ausgleich auf dem Girokonto sorgen, weil sie zu viel und zu teure Kleidung und Accessoires kaufte. Sie arbeitete als Chefsekretärin und pflegte ihren Ruf, stets geschmackvoll und hochwertig gekleidet zu sein. Ihre Kleidung war nicht nur topmodisch, sondern auch mit den Labels der besten Designer gekennzeichnet. Das Gleiche galt für ihre Handtaschen, Konferenzmappen und vor allem für die Schuhe. »Ich kann nicht mit billigen 30,- Euro-Tretern in der Firma auftauchen«, sagte sie und griff bei neuen Schuhen für mehr als hundert Euro zu. »Ich bin die Visitenkarte meines Chefs«, sagte sie und kaufte die Handtasche für fast fünfhundert Euro, als habe sie nicht schon ein Dutzend Handtaschen zu Hause.

Carolas wichtigstes Kaufmotiv war ihr Streben nach Prestige, nach Anerkennung oder sogar Neid anderer Menschen. Sie legte Wert darauf, dass man sah, dass sie sich teure Dinge leisten konnte, dass ihr nur das Beste gut genug war. Eigentlich wollte sie endlich die diversen Kredite bei der Bank abzahlen, aber sie schaffte es nie. Im Gegenteil, sie musste erneut den überzogenen Dispo in einen normalen Kredit umwandeln. Obwohl Carola sogar überdurchschnittlich gut verdiente, fühlte sie sich finanziell eingeschränkt. Es gab immer wieder neue modische Kleidung und Accessoires, die sie dringend haben wollte, jedoch oft nicht kaufen konnte, weil sie wieder einmal das Limit auf dem Konto erreicht hatte. Nach außen wirkte sie wie eine perfekte Lady von gehobenem Geschmack. Innerlich litt sie jedoch unter »gefühlter Armut«.

Erst im Rahmen eines Coachings zum besseren Umgang mit Geld wurde ihr bewusst, dass ihr extremes Streben nach Prestige und Bewunderung letztlich ein Ausdruck ihres mangelnden Selbstwertgefühls war. Sie war angetrieben, immer wieder neue teure Kleidung zu kaufen, aus Sorge, anders nicht »mithalten« zu können oder im Vergleich mit anderen gutaussehenden und erfolgreichen Frauen schäbig zu wirken. Als ihr das bewusst wurde, konnte sie ihr bisheriges Kaufverhalten verändern. Sie machte dann auch die Erfahrung, dass ihr Ansehen bei Chefs, Kollegen und Freunden keineswegs abhängig von ihrem Äußeren war. Man mochte und respektierte sie für ihre nette Art und ihre berufliche Kompetenz. Sie blieb selbstverständlich weiterhin eine qualitätsbewusste Frau mit beneidenswert guter Garderobe, musste jedoch nicht mehr jede Mode mitmachen.

Beispiel 2: Gudrun hatte Schulden, weil sie für ihren Mann eine Bürgschaft unterschrieben hatte. Nach der Scheidung war der gute Gatte weg, die Schulden blieben ihr erhalten. Mit der Hilfe eines Schuldnerberaters konnte sie zwar eine eigentlich realistische Entschuldungsstrategie entwickeln. Leider gelang es ihr nicht, zuverlässig die vereinbarten Raten an die Gläubiger zu bezahlen. Sie kaufte immer wieder ungeplant Dinge ein, die sie selbst gar nicht brauchte. Mal war es ein Spielzeug für die Tochter ihrer Freundin, mal sah sie einen schönen Strauß Seidenblumen und dachte: »Der ist genau richtig für meine Mutter.« Sie brachte der Nachbarin Katzenfutter mit, weil sie deren Katzen so gerne mochte. Sie kaufte dem Neffen Modellautos und der Nichte die teure Uniform als Funkenmariechen. Manchmal stand sie in einem Laden mit

Geschenkartikeln, nahm hübsche Dinge in die Hand und dachte im Stillen: »Wem könnte ich das schenken?« Oft kaufte sie auch dann, wenn sie im Moment noch keinen möglichen Empfänger wusste. Sie kaufte schon mal auf Vorrat mögliche Mitbringsel für zukünftige Besuche bei Freunden und Bekannten.

Gudruns wichtigstes Kaufmotiv war ihre Freude am Schenken. Sie kaufte für sich selbst nur das Nötigste. Aber immer wieder sah sie im Schaufenster, im Laden oder im Katalog etwas, womit sie anderen eine Freude machen konnte. Eines Tages sagte ihre beste Freundin zu ihr: »Du versuchst, Liebe zu kaufen. Das geht nicht.« Das offene Gespräch mit der Freundin half Gudrun, sich ihre Sehnsucht nach Liebe und Anerkennung, nach dauerhaften Beziehungen und nach dem Dank anderer bewusst zu machen. In ihr steckte offenbar eine tiefe Sorge, womöglich unbeliebt oder verlassen zu werden. Diese trieb dazu, dem Risiko mit Geschenken vorzubeugen. Sie musste erst lernen, dass Zuwendung nicht mit Gekauftem zu sichern ist, sondern zum Beispiel durch geschenkte Zeit, durch die Bereitschaft, anderen zuzuhören, mit anderen etwas zu unternehmen.

Beispiel 3: Heidi tat sich schwer, die finanziellen Belastungen für ihre Eigentumswohnung zu meistern, weil sie immer wieder schwach wurde bei Tischdecken, Porzellan, Bestecken, Glas, Servietten, Kerzen und anderen Dekorationsartikeln für die gehobene Tischkultur. Hinzu kamen die Kosten für aufwendige Essenseinladungen und für teure Illustrierte zu den Themen Wohnkultur, Feinschmeckerei und Weine. Die Abende bei Heidi waren legendär. Die Freunde waren jedes Mal vom wunderbar dekorierten Tisch überwältigt. Dass das Essen und die Getränke vom Feinsten waren, verstand sich von selbst.

Heidi wurde im Wesentlichen von zwei Kaufmotiven getrieben. Sie strebte nach Ansehen bei ihren Freunden und Bekannten. Sie wollte als perfekte Gastgeberin beweisen, dass Sie einen gehobenen Lebensstil pflegte. Gleichzeitig wollte sie sich selbst etwas Gutes tun. Sie versuchte, sich in der neuen Wohnung eine heile Welt edler und schöner Dinge zu schaffen.

In einem psychologischen Beratungsgespräch zum Thema Geld kam sie ihren innersten Problemen auf die Spur. Heidi hatte nie ganz verwunden, aus sehr ärmlichen Verhältnissen mit chaotischem Elternhaus voller Streit und Unordnung zu kommen. Als Kind hatte sie sich vor Spielkameraden geschämt, weil ihre Schulbrote lieblos in Zeitungspapier gewickelt waren, weil ihre Mutter den ganzen Tag im schmuddeligen Kittel herumlief, weil in ihrem Elternhaus heillose Unordnung herrschte. Heidi konnte erst damit aufhören, immer wieder ihr knappes Geld in Wohnkultur und teure Essenseinladungen zu investieren, als es ihr gelang, die Sorgen der Kindheit hinter sich zu lassen und sich an den schönen Dingen zu erfreuen, die sie längst im Übermaß besaß. »Ich muss nicht immer neue Sachen kaufen. Ich habe längst mehr als genug schöne Tischdecken, Porzellan, Kerzenständer, Vasen und so weiter.«

Diese drei Beispiele sollen an dieser Stelle genügen. Es gibt sehr viele Kaufmotive, die oft einen psychologischen Hintergrund haben. Leider wissen das die Werbestrategen und Anbieter von Waren. Sie wissen, dass viele Frauen am liebsten jeden Tag neue Kleidung kaufen – selbst dann, wenn die Schränke schon so voll sind, dass sie sich kaum noch schließen lassen. Sie wissen, dass viele Männer liebend gerne Technik für PC und Auto kaufen oder sich von den Auslagen im Baumarkt verführen lassen. Das nutzen sie aus, um uns immer mehr zu immer neuem Konsum anzutreiben. Mal ändern sich die Moden, mal sind die Produkte mit ganz neuen Funktionen oder Qualitätsmerkmalen ausgestattet. Irgendeinen Grund scheint es immer zu geben, damit wir nicht zufrieden sind mit dem, was wir längst besitzen, sondern mehr und mehr und mehr haben wollen. Wie soll man jemals schuldenfrei werden, wenn man immer Neues kauft?

Beginnen Sie mit einer Bestandsaufnahme Ihres Besitzes. Damit sind nicht speziell Ihre Wertsachen gemeint, sondern die Dinge, die Sie sich im Laufe der Zeit angeschafft haben. Gehen Sie mit offenen Augen durch Ihre Wohnung. Vom Flur über Schlafzimmer, Wohnzimmer, Küche, Bad bis zum Keller und Dachboden schauen Sie nach:

- Was sehen Sie an Gegenständen in den Räumen? Wann haben Sie die Möbel, Teppiche, Gardinen etc. gekauft? Ist bereits alles bezahlt?
- Was liegt und steht auf Regalbrettern, Fensterbänken, Ablagen herum? Könnten Sie überschlagen, wie viel Geld Sie im Laufe der Zeit dafür ausgegeben haben?
- Was sehen Sie, wenn Sie Schränke, Schubladen, Fächer öffnen?
- Was haben Sie im Keller, in der Garage, im Abstellraum, unter dem Bett, auf dem Kleiderschrank oder in anderen »Stauräumen« untergebracht? Welche Werte stecken darin? Wie oft benutzen Sie die Dinge?
- Wovon besitzen Sie vermutlich viel mehr als andere Menschen?
- Wenn ein anderer Mensch Ihre Wohnung sieht, welchen Eindruck könnte er haben, wofür Sie im Laufe der Zeit eventuell zu viel Geld ausgegeben haben?

Überlegen Sie auch einmal:

- Was kaufen Sie am liebsten ein?
- Was bringen Sie mit größter Wahrscheinlichkeit von einem Stadtbummel mit?
- Welche Geschäfte oder Kataloge erregen am meisten Ihre Aufmerksamkeit?
- Welche Dinge kaufen Sie gerne auch dann, wenn Sie sie nicht wirklich brauchen oder sogar schon reichlich zu Hause haben?

- Gibt es in Ihrem Besitz Dinge, die Sie zwar gekauft, jedoch gar nicht oder nur sehr wenig benutzt haben? Das kann der 58. Pullover sein, das 12. Paar Sandalen, das 4. Topf-Set, die 8. Handtasche, die 642. CD oder das eine neue Buch, das Sie zum bereits vorhandenen Stapel ungelesener Bücher dazulegen.

Könnten Sie sich vorstellen, warum Sie bestimmte Dinge bevorzugt kaufen, auch ohne sie wirklich dringend zu benötigen?

- Glauben Sie, günstige Schnäppchen nicht verpassen zu dürfen?
- Möchten Sie Ihren Mitmenschen mit bestimmten Dingen imponieren?
- Tut es Ihnen gut, sich selbst immer mal wieder etwas Schönes zu gönnen?
- Trösten Sie sich mit bestimmten Käufen über Frust oder Ärger hinweg?
- Hilft es Ihnen, Stress abzubauen, wenn Sie sich etwas Gutes kaufen?
- Gibt es Dinge, von denen Sie einfach nicht genug bekommen können?

Vielleicht haben Sie eine gute Freundin oder einen vertrauenswürdigen Bekannten, mit dem Sie einmal gemeinsam den obigen Fragen nachgehen. Außenstehende sehen oft klarer, wo bei Ihnen vielleicht ein Streben nach dem Kaufen und Besitzen von Dingen ist, das Ihnen den Weg aus den Schulden unnötig erschwert.

Selbsttest: Kennen Sie Ihre »inneren Verführer«?

Die Kaufmotive, die Sie antreiben, bestimmte Dinge besonders gerne zu kaufen, sind Ihre »inneren Verführer«. Auch wenn Sie sich fest vorgenommen haben, im Interesse des

Schuldenabbaus das Geld zusammenzuhalten, flüstern die »inneren Verführer« Ihnen zu: »Das musst du unbedingt haben!« – »Kauf das!« – »Gönn dir mal was!« – »So teuer ist es doch nicht!« – »Das ist eine einmalige Gelegenheit!« Wenn diese innere Stimme dann auch noch von Werbebotschaften, Modetrends und Verkäuferargumenten bestätigt wird, lässt sich dem Kaufantrieb kaum widerstehen.

Wenn Sie jedoch Ihre »inneren Verführer« kennen, dann wissen Sie, wo Sie beim Stadtbummel oder Katalogblättern zu leicht schwach werden. Dann können Sie mit der Stimme der Vernunft gegenhalten: »Nein, das kaufe ich jetzt nicht. Das brauche ich nicht.« – »Nein, das kaufe ich erst wieder, wenn ich meine Schulden bezahlt habe.«

Bitte kreuzen Sie im folgenden Selbsttest die Aussagen an, die auf Sie zutreffen:

1. Ich kaufe gerne Geschenke für Freunde und Angehörige. __
2. Billiges kommt für mich nicht infrage. Ich lege Wert auf Markenware. __
3. Weil Geld für mich nicht wichtig ist, bin ich gerne auch mal großzügig und gebe anderen was aus. __
4. Meine Küchenschränke sind recht voll. Ich habe immer reichlich haltbare Lebensmittel, Putzvorräte und dergleichen im Haus. __
5. Wenn ich mir neue Kleidung kaufe oder etwas für die Wohnung, dann male ich mir auch aus, was andere wohl dazu sagen werden. __
6. Ich gehe gerne in Outlet-Geschäfte und schaue, was es dort gibt. __
7. Manchmal gönne ich mir ganz bewusst etwas Schönes nur für mich. __
8. Ich brauche in der Wohnung viel Stauraum, weil ich so viel unterbringen muss. __
9. Ich greife zu, wenn im Supermarkt Sonderangebote zu haben sind. __

10. Es kommt vor, dass ich mir Sachen kaufe, die eigentlich über mein Budget gehen. Es wäre mir jedoch unangenehm, wenn andere denken, dass ich mir nichts Gutes leisten kann. __
11. Wenn ich mich selbst für etwas belohnen will, dann kaufe ich mir Kleidung, etwas für die Wohnung oder eine besondere Leckerei. __
12. Meine Schränke und Schubladen sind fast alle voll. Neues muss ich oft hineinquetschen. __
13. Wenn ich einen Stadtbummel mache, kaufe ich nur selten etwas für mich. Ich finde jedoch oft etwas für Freunde oder Angehörige. __
14. Wenn ich überarbeitet oder frustriert bin, dann gehe ich in die Stadt und gönne mir etwas Gutes. __
15. Ich nutze Schlussverkäufe und Sonderaktionen der Geschäfte. Zumindest schaue ich nach, was angeboten wird und ob ich etwas zu einem günstigen Preis finde. __

Es gibt sehr viele Kaufmotive, die als »innere Verführer« wirken können. Auf Bild 16 sehen Sie die fünf wichtigsten und häufigsten Kaufmotive.

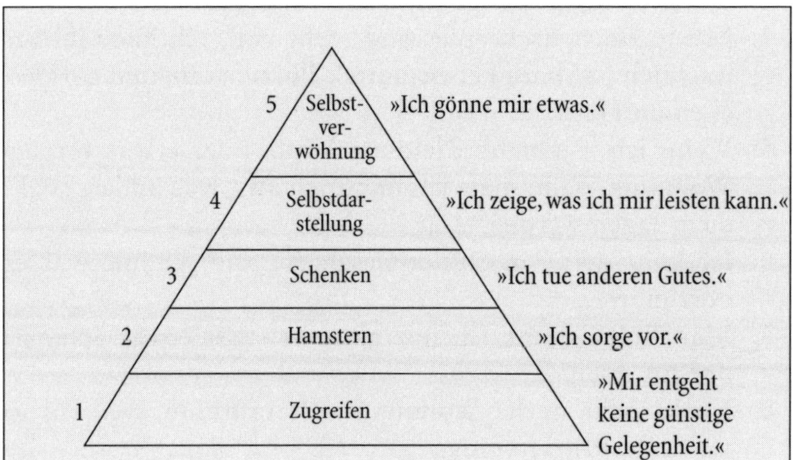

Bild 16: Die fünf wichtigsten Kaufmotive

Die Kaufmotive sind nicht nur negativ zu sehen. Jedes hat seine sehr vernünftigen Seiten. Sie dürfen nur nicht so stark wirken, dass sie uns zu unvernünftigen Käufen treiben und damit in Schulden stürzen oder verhindern, dass wir aus einem finanziellen Tief zügig wieder herauskommen.

1. Zugreifen

Dieses Motiv treibt uns, dann zuzugreifen, wenn ein Angebot wie eine besonders günstige oder besonders seltene Gelegenheit wirkt. Jeden Winter und jeden Sommer können Sie es sehen, wenn die Innenstädte wegen des Schlussverkaufs voll sind. Aber auch Duty Free Shops am Flughafen, Wühltische im Kaufhaus oder Angebote auf »Butterfahrten« wirken diesem Kaufmotiv entgegen. Das Gefühl, die Chance auf ein Schnäppchen zu haben, verführt zum Kaufen.

Manchmal kommt bei diesem Motiv auch eine gewisse Eitelkeit hinzu. Man freut sich über die eigene Klugheit, etwas »unter Preis« bekommen zu haben. Ein Anbieter wirbt sogar mit dem markigen Spruch: »Ich bin doch nicht blöd.«

Zunächst einmal ist dieses Kaufmotiv sehr vernünftig. Aus Ihrer eigenen Erfahrung wissen Sie, dass es Ihrer Haushaltskasse hilft, wenn Sie Sonderangebote nutzen. Warum sollten Sie Blumenkohl kaufen, wenn gerade Rosenkohl im Angebot ist? Warum sollten Sie nicht auf den Schlussverkauf warten, wenn Sie wissen, dass Sie dieses Jahr einen neuen Wintermantel brauchen? Warum sollten Sie nicht zugreifen, wenn bestimmte Artikel herabgesetzt sind?

Kritisch wird es für Sie, wenn die Schnäppchenjägerei zur Leidenschaft wird, wenn Sie Ihre Freizeit damit zubringen, durch die Innenstadt zu laufen und nach Läden zu suchen, die gerade Ausverkaufsaktionen starten. Kritisch wird es auch, wenn Sie zum Beispiel im Duty Free angeblich sehr günstige Produkte kaufen, die Sie nie gekauft hätten, wären Sie nicht am Flughafen gewesen. Noch kritischer wird es, wenn Sie weite Ausflüge zu den Factory Outlets auf der grünen Wiese machen. Womöglich kaufen Sie dort auch dann etwas, wenn Sie eigentlich nichts finden, das Sie brauchen. Aber irgendwie soll sich die weite Anreise ja gelohnt haben. Bevor Sie mit leeren Taschen heimfahren, kaufen Sie lieber irgendwas.

2. Hamstern

Dieses Motiv treibt uns, Vorräte anzulegen. Das können Lebensmittel wie Konserven, Knäckebrot und Zwieback sein, aber auch Seife, Waschpulver, Büromaterial und so weiter. Zunächst einmal ist dieses Kaufmotiv sehr vernünftig. Mit einem gewissen Vorrat an haltbaren Lebensmitteln kann man auch einmal drei Tage Erkältung ohne Gang zum Supermarkt überstehen oder blitzschnell unangemeldete Besucher verköstigen. Das Hamstern und Horten von Lebensmitteln oder Seife haben unsere Mütter und Großmütter in den schlechten Zeiten während und nach dem Krieg gelernt. Es war auch über Jahrhunderte notwendig, um den Winter zu überstehen.

Kritisch wird es für Sie, wenn das Hamstern von Vorräten überhandnimmt. Dann füllen sich die Küchenschränke. Vorne wird immer mehr hineingestopft, hinten überschreiten die ersten Dosen ihr Verfallsdatum.

Beispiel: Lara hat einmal erlebt, dass sie für ihr Faxgerät Farbe nachkaufen wollte und im Geschäft leider hören musste, die Ware sei ausverkauft und erst in wenigen Tagen wieder zu haben. Seither hortet sie in Unmengen Farbe für das Faxgerät und den Drucker, aber auch Papier, CDs und weiteres Büromaterial wie Tintenpatronen, Tesafilm und so weiter. Es fing erst in geringem Maße an, wurde jedoch immer mehr. Inzwischen änderte sich die PC-Technik, aber sie hatte noch stapelweise alte Disketten, mit denen der neue PC nichts mehr anfangen konnte. Als die ersten Meldungen durch die Medien gingen, dass demnächst nur noch Sparlampen im Handel sein würden, kaufte sie sofort Unmengen an herkömmlichen Glühbirnen. Lara konnte irgendwann nicht mehr anders, als sich ständig mit Vorräten von allen möglichen und unmöglichen

Dingen zu versorgen. Das ging immer mehr ins Geld! Diese Marotte hatte zwar nicht ihre Schulden verursacht, hinderte sie jedoch wesentlich daran, ihre Raten pünktlich zu bezahlen und ihre Schulden in der geplanten Zeit abzubauen.

3. Schenken

Dieses Motiv treibt uns, immer wieder etwas für unsere lieben Mitmenschen zu kaufen. Wir überlegen, was anderen gefallen würde, und kaufen es. Manchmal geht es auch umgekehrt: Wir sehen etwas Schönes, möchten es gerne kaufen, haben jedoch selbst keine Verwendung dafür. Also fragen wir uns: »Wem könnte ich das schenken?«

Zunächst einmal ist dieses Kaufmotiv sehr vernünftig. Es ist nett, anderen Menschen eine Freude zu machen. Manchmal ist es auch gut, schon mal ein Geschenk auf Vorrat zu besitzen, damit man bei einer überraschenden Einladung nicht erst suchen muss.

Kritisch wird es für Sie, wenn das Kaufen für andere überhandnimmt. Sie geben damit nicht nur zu viel Geld aus, Sie könnten damit auch Erwartungshaltungen fördern! Ihre ständig beschenkten Nichten, Neffen und Enkel könnten immer wieder zu Ihnen kommen und betteln: »Kauf mir ... Bitte, bitte, bitte.« Die Kinder verlassen sich auf Ihre Großzügigkeit. Mit der Zeit werden die Ansprüche immer größer. Haben Sie früher noch Spielzeug gekauft, verlangt man inzwischen von Ihnen den neuen PC oder gar den Führerschein!

Bei Freunden kommen zu viele und vor allem zu teure Geschenke oft gar nicht so gut an. Manche fühlen sich unter Druck gesetzt, Ihnen dann auch Entsprechendes schenken zu müssen. Andere fühlen sich überrumpelt, wenn Sie mit Geschenken kommen, die in der Wohnung aufgestellt oder aufgehängt werden müssen. Ihr Geschmack trifft vielleicht nicht den der Beschenkten. Die Neigung, immer wieder Geld für andere Menschen ausgeben zu wollen, zeigt sich auch im kostspieligen »Schmeißen von Runden« beim Stammtisch, Kegeln oder ähnlichen Gelegenheiten. Wenn Sie zu oft sagen: »Die nächste Runde geht auf mich!«, dann kommen Sie nicht nur ewig nicht von Ihren Schulden weg, Sie werden auch zunehmend schamlos ausgenutzt! Außerdem machen sich Ihre Mitmenschen ihre Gedanken, warum Sie das tun. Wollen Sie Liebe kaufen? Wollen Sie damit beweisen, wie viel Sie sich leisten können? Wollen Sie andere unter Druck setzen, Ihnen dauerhaft dankbar zu sein? Solche Spekulationen gehen den übertrieben Beschenkten oftmals durch den Kopf! Beliebter werden Sie dadurch keineswegs!

4. Selbstdarstellung

Dieses Motiv treibt uns häufig dazu, Dinge zu kaufen, die für das eigene Budget viel zu teuer sind. Oft macht gerade der hohe Preis die Sache attraktiv! Wir kaufen, weil das, was wir kaufen, in den Augen anderer Menschen unseren Status zumindest erhalten, möglichst noch steigern soll. Andere sollen sehen, was wir uns leisten können, und beeindruckt sein.

Zunächst einmal ist dieses Kaufmotiv durchaus vernünftig. Der Volksmund kennt Sprüche wie: »Kleider machen Leute« oder: »Haste was, biste was«. Wer zu bescheiden oder gar ärmlich daherkommt, wird übersehen, unterschätzt, bemitleidet oder herablassend behandelt. Auf die Dauer würde das Selbstbewusstsein darunter leiden.

Kritisch wird es für Sie, wenn Sie übertreiben und zum Beispiel Schulden machen für ein Auto, das Sie sich gar nicht leisten können, oder für eine teure Wohnung, die Sie in den Ruin treibt. Sie sollten auch nicht immer wieder neue Designerkleidung kaufen, wenn Sie dann nicht mehr genug Geld haben, die bereits bestehenden Schulden abzuzahlen. Sie kennen vermutlich auch den Spruch: »Viele Menschen kaufen Dinge, die sie sich nicht leisten können, um damit Menschen zu imponieren, die sie nicht leiden können.« Lassen Sie sich nicht von dem blenden, was Sie bei anderen an teuren Statussymbolen sehen. Vielleicht fahren Ihre Nachbarn einen imposanten

Wagen, vielleicht hat die Schwägerin eine wunderbare Küche vom angesehenen Markenhersteller, vielleicht kommt die Kollegin mit Designerhandtaschen zur Arbeit. Das sieht alles toll aus. Verständlich, wenn Sie »mithalten« möchten. Aber wer weiß, ob die teuren Sachen der anderen überhaupt alle schon bezahlt sind! Das Kaufmotiv der Selbstdarstellung ist wohl das gefährlichste für das Abrutschen in die Schuldenfalle!

5. Selbstverwöhnung

Dieses Motiv treibt uns, uns selbst immer mal wieder etwas Gutes zu tun. Im Kleinen kann es ganz einfach der Schokoriegel sein, der uns über einen verregneten Nachmittag hinwegtrösten soll. Im Großen ist es der Wochenendausflug nach London zum Einkaufsbummel. »Man lebt nur einmal«, sagt man sich und gibt Geld aus, damit es einem gut geht.

Zunächst einmal ist dieses Kaufmotiv sehr vernünftig. Wer sich selbst nichts gönnt, läuft Gefahr, bald verbiestert durchs Leben zu laufen und anderen Menschen auch nichts zu gönnen. Außerdem ist der Job oft stressig, die Umwelt oft unleidlich. Da braucht man auch mal etwas, was die Laune wieder hebt.

Kritisch wird es für Sie, wenn Sie mit dem Selbstverwöhnen übertreiben. Das kann in verschiedener Weise geschehen:

- Sie geben zu viel Geld für Ihr Hobby oder Ihre Interessen aus.

  Beispiele: Tobias häuft Schulden an für seine Sammlung exotischer Echsen. Er kauft immer wieder neue Tiere, größere Terrarien oder Käfige, Fachbücher und diverse Artikel rund um sein Hobby. Rainer investiert in seinen alten Ford und gibt viel Geld für Fahrten mit seinem Auto-Club aus. Sandra bucht einen Malkurs nach dem anderen. Eigentlich sollte sie ihre Schulden abbezahlen, aber das bleibt oft auf der Strecke, weil sie wieder neue Leinwände braucht, Spezialpapier, Farben und Pinsel, die ein Vermögen kosten.
- Sie geben zu viel Geld für Erlebnisse aus.

Beispiele: Familie Wagner wohnt seit zwei Jahren im neuen Haus. Im Allgemeinen leben sie sehr sparsam, weil sie den größten Schuldenberg bei der Bank schnell abtragen wollen. Aber dann machen sie doch immer wieder Ausflüge in teure Freizeitparks. Die Eltern meinen, sie müssten den Kindern auch mal etwas bieten. Edith ist fast jeden zweiten Abend und ganz bestimmt an jedem Wochenende unterwegs. Sie geht in die Oper und ins Theater, lässt keine Vernissage aus und macht liebend gerne Kurztrips zu den Hauptstädten Europas. Sie hat das Gefühl, nicht richtig zu leben, wenn sie nicht »etwas unternimmt«. Dass sie sich immer tiefer ins Minus reinreitet, wird einfach verdrängt.

- Sie geben zu viel Geld für Selbstpflege aus.
  Beispiele: Heidi leistet sich trotz ihrer Schulden kostspielige Behandlungen in der Wellness-Oase. Anika ist auf dem »Gesundheitstrip«. Sie läuft von einem Heilpraktiker zum nächsten Wunderheiler. Mal beugt sie für viel Geld dem Krebs vor, mal tut sie etwas gegen ihre Alpträume, mal gleicht sie angeblich fehlende Salze im Körper aus, mal stärkt sie das Immunsystem mit chinesischen Pülverchen. Darius investiert in seinen »Body«. Das Training im Studio reicht ihm nicht. Über das Internet besorgt er sich teure Nahrungsergänzungsmittel und illegale Medikamente, die seinen Hormonhaushalt so verändern, dass die Muskeln gewaltig wachsen.
- Sie geben zu viel Geld für »Seelentröster« aus.
  Beispiele: Gaby sammelt Engel und Teddybären. In der Wohnung wimmelt es nur so von großen und kleinen Engeln und Bären aus verschiedenen Materialien. Manche haben nur ein paar Cent gekostet, andere sind extrem teure Sammlerstücke. Barbara umgibt sich mit Puppen namhafter Hersteller und ganz bestimmten Sammlereditionen von Stofftieren. Doris kauft Unmengen an exklusiver Reizwäsche. Damit will sie nicht etwa die Verführerin spielen. Sie sammelt Wäsche! Rainer trinkt edle Weine. Wenn Besuch

im Haus ist, holt er nur die durchschnittlichen Weine hervor. »Für die Banausen ist das gut genug«, sagt er. Er will niemandem imponieren. Die richtig guten Tropfen trinkt er allein. Die kosten allerdings ein Vermögen.

Bild 17: Psychologische Bedürfnisse hinter Kaufmotiven

Wie Sie auf Bild 17 sehen, steht bei den unteren Kaufmotiven psychologisch gesehen die Sorge um das Lebensnotwendige dahinter. Wenn die beiden Kaufmotive Zugreifen und Hamstern zu stark als »innere Verführer« wirken, dann könnte das auf Zukunftsängste hinweisen. Tief in der Seele steckt die Sorge, dass schlechtere Zeiten zu erwarten sind, denen man sich nicht gewachsen fühlt. Also muss man noch schnell Vorräte anlegen, schnell zugreifen, wenn es angeboten wird. Die Werbung reizt diese »inneren Verführer« gezielt an mit Sprüchen wie zum Beispiel: »Nur solange der Vorrat reicht!« – »Das Angebot gilt nur bis zum 30. September!« Bei Verkaufssendern im Fernsehen wird eingeblendet, wie viel von dem angebotenen Produkt schon weg ist und wie wenig nur noch zu bekommen ist. Wer sich nicht beeilt, geht leer aus!

Die mittleren Kaufmotive Schenken und Selbstdarstellung werden von dem seelischen Bedürfnis nach Liebe und sozialer Anerkennung angetrieben. Wenn sie zu stark ausgeprägt sind, wird das Leben zu stark von der ewigen Frage gesteuert: »Was denken die anderen über mich?« Aus Angst, nicht geliebt zu werden, zeigt man sich großzügig. Aus Angst, für ärmlich, erfolglos oder geschmacklos gehalten zu werden, kauft man überteuert. Das typische Beispiel sehen Sie, wenn Sie Menschen erleben, die sich selbst kaum die Wurst auf dem Brot gönnen, nur um ein schönes, teures Auto zum Neid der Nachbarn vor dem Haus stehen zu haben. Aus Sorge um das Ansehen werden auf Kredit teure Möbel gekauft, noch bevor die Wohnung überhaupt abbezahlt ist!

Die Werbestrategen reizen diese Kaufmotive durch Labels, die bestimmte Dinge nach dem Kauf für die lieben Mitmenschen als teuer kennzeichnen. Schon die Kinder in der Schule wetteifern, wer die »richtigen« (natürlich teureren) Turnschuhe trägt. Billigere Turnschuhe gelten als »oberpeinlich«.

Das oberste Kaufmotiv der Selbstverwöhnung wird oft dann zu stark, wenn im Leben an anderer Stelle ein Mangel herrscht. Man hat zum Beispiel großen Stress oder viel Ärger. Dann kann es helfen, sich immer wieder ein »Trostpflaster« zu gönnen. Man kauft als Ausgleich für seelische oder körperliche Belastungen. Besonders deutlich sieht man dieses Motiv bei beruflich stark geforderten Managern. Sie arbeiten sechzig oder mehr Stunden in der Woche, stehen ständig unter Druck und sitzen in endlosen Meetings, in denen im Wesentlichen Machtkämpfe ausgetragen werden. Kein Wunder, dass sie sich Zigarren für hundert und mehr Euro leisten oder sündhaft teure Musikanlagen und ähnlichen Luxus. Bei uns »einfachen« Menschen gibt es ähnliche Phänomene. Wir kaufen uns aus Frust einen neuen Pulli oder buchen uns zur Belohnung eine Behandlung bei der Kosmetikerin. Die Werbung regt dieses Kaufmotiv an mit Sprüchen wie: »Sie haben es sich verdient.«

Wie Sie auf dem Bild sehen können, steigt von unten nach oben das Risiko, sich durch die »inneren Verführer« zu Konsumkrediten und somit Schulden hinreißen zu lassen! Vor allem für Selbstdarstellungs- und Selbstverwöhnungskäufe geben wir zu leicht zu viel Geld aus.

Bitte lösen Sie nun Ihren Selbsttest auf:

- Wenn Sie die Aussagen 6, 9 oder 15 angekreuzt haben, dann wirkt das Kaufmotiv Zugreifen in Ihnen als »innerer Verführer«.
- Wenn Sie die Aussagen 4, 8 oder 12 angekreuzt haben, dann wirkt das Kaufmotiv Hamstern in Ihnen als »innerer Verführer«.
- Wenn Sie die Aussagen 1, 3 oder 13 angekreuzt haben, dann wirkt das Kaufmotiv Schenken in Ihnen als »innerer Verführer«.
- Wenn Sie die Aussagen 2, 5 oder 10 angekreuzt haben, dann wirkt das Kaufmotiv Selbstdarstellung in Ihnen als »innerer Verführer«.
- Wenn Sie die Aussagen 7, 11 oder 14 angekreuzt haben, dann wirkt das Kaufmotiv Selbstverwöhnung in Ihnen als »innerer Verführer«.

Wenn Sie bei einem der Kaufmotive kein Kreuzchen gemacht haben oder nur eines, dann ist diesbezüglich bei Ihnen alles in Ordnung. Dieses Kaufmotiv wird für Sie nicht zum »inneren Verführer«. Es ist gar nicht oder in vernünftigem Maße ausgeprägt.

Wenn Sie jedoch zwei oder gar drei Kreuzchen bei einem oder sogar mehr als einem Kaufmotiv gemacht haben, dann sollten Sie selbstkritisch reflektieren:

- Wurden Sie bisher zu oft bei diesem Kaufmotiv schwach?
- Behindert dieses Kaufmotiv Sie dabei, Ihre Schulden wie geplant abzuzahlen?

Bitte überlegen Sie, was Sie tun können, um in nächster Zeit bei dem betreffenden Kaufmotiv Ihr Geld besser zusammenzuhalten. Das erste und wichtigste Ziel für Sie ist zur Zeit: Sie wollen endlich schuldenfrei werden!

Selbsttest: Welcher »Shopping-Typ« sind Sie?

Bei der Frage nach Ihren Kaufmotiven oder »inneren Verführern« ging es um die Frage, was Sie eventuell besonders oft oder für zu viel Geld kaufen. Bei der Frage nach Ihrem »Shopping-Typ« geht es darum, wie oder in welchen Situationen und Zusammenhängen Ihnen das Geld eventuell zu »locker sitzt«.

Verkaufspsychologen und Werbestrategen arbeiten gerne mit Typologien. Das bedeutet, dass sie Kunden mit ähnlichen Merkmalen oder ähnlichen Verhaltensweisen bestimmten »Typen« zuordnen. Es gibt verschiedene Typologien. Es werden zum Beispiel die »Trendkäufer« von den »konservativen Käufern«, die »Preisdrücker«, die »Katalogkäufer« oder die »harten Verhandler« unterschieden. Es würde an dieser Stelle viel zu weit führen, hier alle »Kundentypen« der Verkaufspsychologie zu beschreiben.

Bezogen auf das Risiko, sich mit Konsumkrediten und somit Schulden zu belasten, kann es für Sie interessant sein, einmal zu reflektieren, welcher »Shopping-Typ« Sie sind. Wenn Ihnen das bewusst ist, dann werden Sie in Zukunft ganz leicht durchschauen, wie die Werbestrategen, die Kaufhäuser, Kataloggestalter und Macher von Tele-Shopping-Sendern gezielt versuchen, die unterschiedlichen »Shopping-Typen« zum Kaufen anzuregen. Das macht es Ihnen leichter, sich deren verführerischer Werbung zu entziehen. Schließlich wollen Sie Ihr Geld in Zukunft besser zusammenhalten und möglichst schnell die bereits bestehenden Schulden loswerden, statt neue aufzubauen!

Machen Sie den folgenden Selbsttest. Kreuzen Sie die Aussagen an, die auf Sie zutreffen. Das bedeutet nicht, dass die betreffende Aussage zu 100% zutreffen muss. Wenn Sie von sich sagen können: »Ja, meistens ist es bei mir so«, dann kreuzen Sie an. Sie kreuzen nicht an, wenn Sie bei einer Aussage denken: »Nein, in der Regel ist es bei mir nicht so.«

1. Von einem Stadtbummel komme ich meistens mit Einkäufen zurück, die ich vorher nicht geplant hatte. __
2. Wenn ich einen größeren Kauf, wie zum Beispiel Möbel oder Elektrogeräte, plane, dann informiere ich mich vorher gründlich über Modelle und Preise der Hersteller, bevor ich entscheide. __
3. Mir macht es großen Spaß, mit anderen zusammen einen Einkaufsbummel zu machen. __
4. Ich schreibe keine Einkaufszettel, bevor ich in den Supermarkt gehe. Ich lasse mich vom Angebot inspirieren. __
5. Ich bin gerne da, wo etwas los ist. Ich bummele gerne durch volle Einkaufszentren und interessante Fußgängerzonen. __
6. Ich nehme gerne bei Verkaufspartys teil, wo man im kleinen Kreis die Dinge in Ruhe anschauen und ausprobieren kann. __
7. Ich achte auch im Supermarkt genau auf die Preise und rechne nach, ob die angeblichen Sonderangebote auch wirklich welche sind. __
8. Wenn ich einen Katalog durchblättere oder einen Tele-Shopping-Sender sehe, dann bestelle ich oft sofort per Telefon, was mir gefällt. __
9. Ich gehe gerne auf Weihnachtsmärkte oder ähnliche Märkte und kaufe auch fast immer etwas. __
10. Wenn ich mir Kleidung, Schuhe oder Schmuck kaufen will, nehme ich am liebsten Freundinnen mit. Zusammen macht es mehr Spaß. __
11. Wenn in der Innenstadt verkaufsoffener Sonntag ist, gehe ich auf jeden Fall hin. Auch wenn ich nichts kaufen will, so gefällt mir doch der Trubel dort. __

12. Ich würde größere Investitionen nie ohne gründliche Vorbereitungen treffen. Ich informiere mich bei Stiftung Warentest und hole mir Rat von Dritten. __
13. Wenn größere Kaufhäuser oder Einkaufspassagen zu ihrer Eröffnung ein Unterhaltungsprogramm ankündigen, dann gehe ich hin und schaue, was da geboten wird. __
14. Ich kann mich immer recht schnell entscheiden. Auch bei größeren Anschaffungen wie Möbeln oder technischen Geräten gibt es für mich kein langwieriges Aussuchen und Überlegen. __
15. Wenn ich etwas Neues gekauft habe, zeige ich es meinen Freunden und Freundinnen. Es interessiert mich auch immer, was andere vom Stadtbummel mitgebracht haben. __
16. Es passiert mir eigentlich nicht, dass ich spontan etwas kaufe, was ich gar nicht brauche. __

Wie oben gesagt, unterscheiden die Verkaufspsychologen grob vier verschiedene »Shopping-Typen«. Wundern Sie sich nicht, wenn Sie sich bei mehreren der folgenden Beschreibungen teilweise wiedererkennen. Wir sind alle »Mischtypen« und haben von jedem etwas in unserem Einkaufsverhalten. Bitte lassen Sie sich jedoch durch den Kopf gehen, zu welchem der hier beschriebenen »Shopping-Typen« Sie am ehesten zählen. Da könnten für Sie die größten Risiken liegen, wider alle guten Vorsätze letztlich doch zu viel Geld auszugeben.

Der/die »rationale Käufer/in« ...

... überlegt vorab genau, was gebraucht wird, und teilt sich entsprechend das Geld ein.

... informiert sich vor größeren Anschaffungen, aber auch bei Einkäufen für den täglichen Bedarf über die Angebote verschiedener Hersteller oder Supermärkte.

... prüft sorgfältig Menge, Qualität und Preise.

... misstraut reißerischer Werbung und den anpreisenden Argumenten von Verkäufern.

... entscheidet bei größeren Anschaffungen nie, ohne die Sache vorher noch einmal überschlafen zu haben.

Beispiel Lebensmittelkauf: Der »rationale Käufer« kennt die Brötchenpreise der verschiedenen Bäcker und weiß, ab wie viel Uhr am Samstag das restliche Brot für den halben Preis verkauft wird. Entsprechend wird er sich zur rechten Zeit beim richtigen Bäcker in die Warteschlange einreihen.

Beispiel Autokauf: Die »rationale Käuferin« überlegt und bespricht mit Freunden und Kollegen, welches Modell das beste Preisleistungsverhältnis hat. Sie macht sich eine Liste, was sie vom Auto erwartet wie zum Beispiel: elektrische Scheibenheber, vollwertiges Reserverad etc. Wenn sie weiß, was sie will, geht sie im Laufe der nächsten Tage oder gar Wochen zu verschiedenen Autohändlern, macht Probefahrten und holt Angebote ein. Diese vergleicht sie dann in Ruhe zu Hause, bevor sie zu einer Entscheidung kommt.

Der/die »spontane Käufer/in« ...

... kauft meistens ohne Einkaufszettel ein und hat kein Gedächtnis dafür, was zum Beispiel Rosinenbrot beim Bäcker, Supermarkt oder Discounter kostet.

... entscheidet auch bei größeren Anschaffungen, wie zum Beispiel einem Möbelkauf, sehr schnell.

... verlässt sich bezüglich des Preisleistungsverhältnisses auf Aussagen der Verkäufer und auf die eigene Intuition.

... lässt sich von der Werbung oder attraktiv gestalteten Auslagen inspirieren und stellt öfter erst zu Hause fest, dass ihr oder ihm ein Fehlkauf unterlaufen ist.

... will Neues am liebsten sofort haben. Lieferzeiten oder längere Entscheidungsprozesse sind ihr oder ihm zuwider.

Beispiel Kleidungskauf: Die »spontane Käuferin« streift zügig durch den Verkaufsraum und probiert höchstens zwei Teile an. T-Shirts oder Pullis hält sie sich nur vor und denkt: »Das passt bestimmt. Die Größe trage ich ja immer.« Hosen, die erst gekürzt werden müssen, kauft sie gar nicht. Sie will die neuen Klamotten sofort oder überhaupt nicht. Zu Hause stellt sie womöglich fest, dass sie bei den neuen Sachen die falsche Farbe erwischt hat.

Beispiel Autokauf: Der »spontane Käufer« hat plötzlich genug von den Macken seiner »alten Karre«. Er beschließt, einen neuen BMW zu kaufen. Auf dem Heimweg von der Arbeit kommt er immer bei einem Autohaus von Opel vorbei und denkt sich heute: »Ich kann ja mal schauen, was die so haben.« Er lässt sich in seiner Preisklasse ein tolles Auto zeigen, setzt sich rein und weiß: »Das ist er! Den will ich haben.« Nein, er will nicht so ein Modell in anderer Farbe und individueller Ausstattung, das erst in drei Wochen geliefert werden könnte. Er will jetzt sofort dieses Auto, genau so, wie es im Verkaufsraum steht.

Der/die »gesellige Käufer/in« ...

... geht am liebsten mit anderen zusammen zum Stadtbummel und genießt das Einkaufen als gemeinschaftlichen Spaß.

... hat bei Geschäften, wo sie oder er häufig einkauft, ein persönliches Verhältnis zu den Verkäufern und plaudert mit ihnen gerne auch über Privates oder Tagesaktuelles.

... bespricht mit Freunden und Angehörigen geplante Anschaffungen und zeigt nach dem Kauf das Neue gerne vor.

... macht mit Freunden gerne Ausflüge zu Fabrikverkäufen, Bauernhofläden oder Fußgängerzonen anderer Städte.

Beispiel Wäschekauf: Die »gesellige Käuferin« lädt die nette Vertreterin der Wäschefirma und einen Kreis von Freundinnen zu sich ins Wohnzimmer ein. Die Vertreterin stellt die neuen Modelle vor. Mit viel guter Laune und Tipps von Frau zu Frau wird anprobiert und in sexy Höschen unter Gelächter posiert. Am Ende werden gemeinsam Bestellzettel ausgefüllt und gleich der Termin vereinbart, wann man sich wiedertrifft, um dann neueste Frischhalteboxen von einer anderen netten Vertreterin vorgeführt zu bekommen.

Beispiel Werkzeugkauf: Der »gesellige Käufer« fährt mit

seinem Kumpel zum Baumarkt. Dort arbeitet sein Skatbruder, der schon auf die beiden wartet. Unter Männern wird beratschlagt, welche Zusatzteile man zur Bohrmaschine kaufen sollte. Man tauscht sich über Erfahrungen bezüglich der Hausrenovierung aus und gibt sich gegenseitig Tipps für neue Heimwerkerprojekte.

Der/die »lustbetonte Käufer/in« ...

... liebt interessante Einkaufspassagen, wo viel los ist und man eine Menge zu sehen bekommt.

... kombiniert einen Einkaufsbummel möglichst immer mit einem Besuch im Café oder Restaurant.

... fährt gerne in fremde Städte, um dort auch mal durch die Geschäftsstraßen zu bummeln und sich mit neuer Mode oder Ähnlichem einzudecken.

... meidet öde wirkende Kaufhäuser, leere Passagen oder langweilige Discounter.

... nutzt die Notwendigkeit größerer Anschaffungen wie zum Beispiel Möbel als Anlass, einen Ausflug zur Möbelmeile zu machen, und verbringt dort einen unterhaltsamen Tag.

... kauft aus Lust und Laune oder aus Langeweile Dinge, die eigentlich nicht gebraucht werden und oft überteuert sind, jedoch verlockend aussehen.

Beispiele Lust-, Laune- oder Langeweilekäufe: Die »Lustkäuferin« bringt vom Wochenendausflug nach Sylt eine sündhaft teure Handtasche mit. Sie brauchte keine, aber da waren so viele schicke Frauen mit schicken Handtaschen. Außerdem konnte man bei dem Regen außer Shopping nichts machen. Der »Lustkäufer« leistet sich auf dem Flughafen in der Wartezeit zum Abflug einen edlen Füller mit Lederetui.

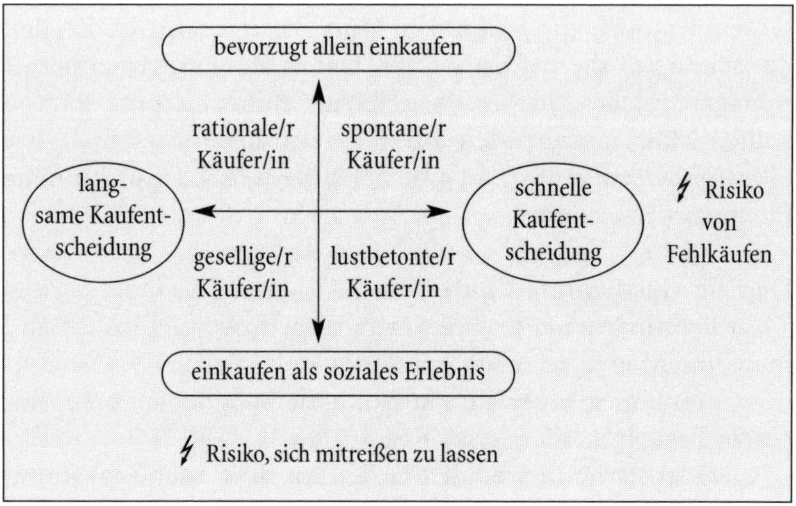

Bild 18: Die vier häufigsten »Shopping-Typen«

Wie auf dem Bild dargestellt, gehen rationale und spontane Käufer/innen bevorzugt allein einkaufen, während gesellige und lustbetonte Käufer/innen gerne mit anderen zusammen einkaufen. Da besteht ganz besonders die Gefahr, dass man sich gegenseitig anregt, letztlich mehr Geld auszugeben, als man sich eigentlich leisten kann!

Rationale und gesellige Käufer/innen kommen in der Regel langsam zu Kaufentscheidungen. Die Rationalen überdenken den Kauf gründlich, die Geselligen diskutieren die Sache erst mal genüsslich. Hingegen treffen spontane und lustbetonte Käufer/innen ihre Entscheidungen sehr schnell, oft vorschnell! Sie tätigen so häufig Fehlkäufe oder lassen sich zu leichtfertig auf Ratenverträge ein.

Nun kommt die Auflösung Ihres Selbsttests:

- Sie sind ein »rationaler Shopping-Typ«, wenn Sie drei oder alle vier der Aussagen 2, 7, 12 und 16 angekreuzt haben. In dem Fall können Sie sich zurücklehnen. Sie sind weitgehend immun gegen Werbesprüche und auch gegen eigene plötzliche Kaufbedürfnisse. Selbst wenn Sie etliche Kreuze auch bei den anderen »Shopping-Typen« gemacht haben, können Sie getrost darauf bauen, dass Ihr kluger Umgang mit Geld Ihnen hilft, so schnell wie möglich aus den Schulden herauszukommen.

- Sie sind ein »spontaner Shopping-Typ«, wenn Sie drei oder alle vier der Aussagen 1, 4, 8 und 14 angekreuzt haben. In dem Fall kann es für Sie ratsam sein, möglichst keine Verkaufssendungen oder Kataloge mehr anzuschauen. Sie wissen, dass Sie zu leicht mal eben etwas bestellen. Außerdem wäre es gut, wenn Sie sich dazu entschließen könnten, ab sofort stets mit einem Einkaufszettel in den Supermarkt zu gehen. Größere Anschaffungen wie Auto, Möbel und so weiter können Sie vorab mit anderen besprechen und möglichst in Begleitung tätigen. Bedenken Sie: Verkäufer lieben »spontane Shopping-Typen«, weil diese besonders leicht dazu zu bringen sind, zu einem verlockend dargestellten Angebot Ja zu sagen! Gewöhnen Sie sich für Verkäufer am besten den Standardsatz an: »Ich will es noch mal überschlafen.«
- Sie sind ein »geselliger Shopping-Typ«, wenn Sie drei oder alle vier der Aussagen 3, 6, 10 und 15 angekreuzt haben. In dem Fall sollten Sie zumindest so lange, bis Sie völlig schuldenfrei sind, grundsätzlich an keiner Verkaufsparty mehr teilnehmen. Die Versuchung ist einfach zu groß. Auf solchen Partys bekommen Sie Werbegeschenke. Danach fällt es Ihnen noch schwerer, die nette Verkäuferin oder »Produktberaterin« zu enttäuschen und nichts zu kaufen. Die gemeinsamen Stadtbummel mit Ihren Freundinnen werden Sie sich natürlich nicht nehmen lassen. Damit Sie dennoch stark bleiben und das Geld wie geplant zusammenhalten, nehmen Sie grundsätzlich am besten nur Bargeld mit, nicht die Kreditkarte oder die Karte, mit der Sie schnell neues Geld aus dem Automaten holen können.

Wenn das Vertrauensverhältnis zu den Freundinnen gut ist, kann es ratsam sein, ganz offen mit ihnen zu reden: »Ich bin gerade dabei, meine Schulden abzuzahlen (oder: auf eine größere Anschaffung zu sparen), und will deshalb heute und in der nächsten Zeit keine neuen Klamotten kaufen.« So vermeiden Sie, dass die anderen Sie zu überreden versuchen: »Kauf dir das, das steht dir so gut!«, oder: »Wir alle haben uns was gekauft. Jetzt müssen wir auch noch was für dich finden.« Im Sog der Gruppe passieren ganz oft unnötige Käufe!

- Sie sind ein »lustbetonter Shopping-Typ«, wenn Sie drei oder alle vier der Aussagen 5, 9, 11 und 13 angekreuzt haben. In dem Fall werden Sie sich natürlich weiterhin den Spaß gönnen, interessante Einkaufspassagen und schöne Innenstädte zu besuchen. Für Sie ist jedoch besonders wichtig, dass Sie die Kreditkarte möglichst zu Hause lassen. Wenn Ihnen das zunehmend gelingt, werden Sie sich daran gewöhnen, den Spaß des »Kauferlebnisses« zu genießen, ohne dabei zu viel Geld auszugeben.

Vermutlich haben Sie nicht nur Kreuzchen bei einem der obigen »Shopping-Typen« gemacht, weil Sie, wie alle Menschen, ein »Mischtyp« sind. Wo Sie nur ein oder zwei Kreuzchen gemacht haben, besteht bei Ihnen kein Risiko für Ihre Geldplanung. Wenn Sie jedoch, außer beim »rationalen Shopping-Typ«, bei allen anderen drei oder vier Kreuzchen gemacht haben, dann wird das Abzahlen der Schulden für Sie schwer. In dem Fall können Sie Folgendes tun:

- Vereinbaren Sie mit Ihrer Bank, dass Sie Ihr Konto ab sofort nur noch auf Guthabenbasis führen. Das bedeutet, dass Sie keinen Dispokredit mehr haben.
- Geben Sie alle Kreditkarten ab oder schließen Sie diese in den Safe. Das gilt so lange, bis die Schulden weg sind. Danach richten Sie den Dispo wieder ein und holen sich die Kreditkarten zurück. Sie werden dann ganz bestimmt nicht

erneut in Schulden fallen, weil sich ganz von selbst Ihr Kaufverhalten umtrainiert hat. Sie können dann den obigen Test noch einmal machen und werden sehen: Sie haben überall nur noch ein oder zwei Kreuzchen. Das bedeutet: vernünftiges Kaufverhalten!

Beugen Sie neuen finanziellen Engpässen vor

Sie erinnern sich an die vier zentralen Fragen im Schuldentief:

- Wie bin ich in die Schuldenprobleme hineingeraten?
- Wo stehe ich jetzt?
- Wie komme ich wieder heraus aus den Schulden?
- Wie sichere ich ab, damit mir das nie wieder passiert?

Bei den obigen Selbsttests ist Ihnen vermutlich an einigen Stellen noch einmal deutlich bewusst geworden, wie Sie durch Ihr bisheriges Konsumverhalten leider unnötig viel Geld ausgegeben haben. Das soll Ihnen in Zukunft nicht mehr oder wenigstens nicht mehr so oft passieren.

Bereits während Sie noch Ihre bestehenden Schulden abbezahlen, sollten Sie Ihre Antwort finden auf die vierte Frage: Wie sichern Sie ab, dass Sie nie wieder in ein finanzielles Tief geraten? Ich möchte Ihnen ein paar Beispiele von Menschen nennen, die für sich Wege gefunden haben, ihr bisheriges Konsumverhalten zu ändern:

- Rebecca und Corinna gehen zwar noch immer gerne zusammen zum Shopping-Bummel in die Innenstadt, aber Sie kaufen nicht mehr nach dem Motto: »Das sieht ja toll aus! Das steht mir gut! Das kaufe ich!« Mit dieser Einstellung haben Sie nicht nur gutes Geld vergeudet, sie haben sich auch die Schränke vollgestopft und trotzdem immer wieder das Gefühl gehabt: »Ich habe nichts zum Anziehen.« Rebecca und Corinna haben einmal ihre Kleiderschränke total leer gemacht und sich aus den Beständen perfekte Outfits zusammengestellt: 7 verschiedene Kombinationen fürs Büro, 5 verschiedene Kombis für die Disko, 3 verschiedene Kombis für »bessere« Anlässe wie Theater oder Feiern. Was dann noch an diversen Pullis und T-Shirts, Blusen, Hosen, Röcken, Schuhen usw. übrig war, haben sie auf dem Flohmarkt verkauft. Das »Prinzip 7–5–3« wollen sie beibehalten. Wenn Sie jetzt durch die City bummeln, dann probieren sie zwar gerne viele Klamotten an, kaufen jedoch nur, was sie als Ersatz für ausrangierte Teile ihrer bestehenden Kombis brauchen. Sie sind begeistert von ihren »leeren« und damit übersichtlichen Schränken und davon, dass sie sich viel besser angezogen wissen. Wer weniger kauft, kann sich natürlich bessere Sachen leisten und fühlt sich damit viel besser ausstaffiert.

- Nicole will ebenfalls nicht auf ihre Stadtbummel verzichten. Sie versucht strikt, ihre Alltagseinkäufe so sparsam zu gestalten, dass vom Budget immer etwas übrig bleibt, und wenn es nur ganz wenig ist. Das Geld wandert in einen Spartopf. Sobald sich dort ein Sümmchen angespart hat, macht sie einen Stadtbummel.
- Elfi hat sich das Stadtbummeln als Freizeitbeschäftigung ganz abgewöhnt. »Was soll ich mich damit quälen, immer Sachen zu sehen, die ich mir nicht leisten kann?« Elfi gehört jetzt zum Kreis der Ehrenamtlichen, die sich regelmäßig im Tierheim einfinden, um Spaziergänge mit Hunden zu machen. Sie wandert nun nicht mehr von Schaufenster zu Schaufenster, sondern zwischen Wiesen und Wäldern, und genießt die Gesellschaft der Hunde und der anderen Tierfreunde.

Vielleicht setzen Sie sich einmal mit Ihrer Freundin oder Ihrem Partner zusammen und überlegen, was Sie, statt der bisherigen Einkaufsbummel, unternehmen können. Es muss etwas sein, das Ihnen Spaß macht. Sie wollen ja nicht mit Frust denken: »Ich darf nicht mehr shoppen gehen.« Statt dessen wollen Sie denken: »Ich habe keine Zeit mehr für Shopping, weil ich Besseres vorhabe.«

Bitte lassen Sie sich auch von den Tipps im folgenden Kapitel anregen. Sie sind in erster Linie dazu gedacht, eine Antwort zu geben auf die Frage, die sich nach dem Abbau Ihrer Schulden stellt: »Wie sichere ich mich ab, damit es (das Schuldenmachen) mir nie wieder passiert?«

8 bewährte Tipps, damit das Geld immer reicht

Erst essen, dann in den Supermarkt

Achten Sie darauf, dass Sie niemals mehr mit leerem Magen Lebensmittel einkaufen. Wenn Sie hungrig den Einkaufswagen durch die Gänge schieben und dabei Ihre Blicke schweifen lassen, regen die farbenfrohen Dosen und Packungen Ihren Appetit auf leckere Gerichte an. Sie greifen zu. Dann kommen Sie an den Regalen mit den Plätzchen und Kuchen vorbei. Plötzlich haben Sie darauf Appetit. Sie greifen wieder zu. Danach kommen die herrlichen Süßigkeiten. Sie spüren einen Jieper auf Schokolade. Am Ende haben Sie den ganzen Einkaufswagen voll. Dabei wollten Sie nur schnell ein Brot und ein paar Äpfel holen.

Die verschiedenen Heißhungergefühle auf verschiedene Dinge haben sich eingestellt, weil Sie hungrig waren und der Reihe nach immer andere leckere Sachen gesehen haben. Jedes Mal hat das Gehirn sich darauf eingestellt und Lust darauf entwickelt, um endlich den Magen zu befrieden. Mal sehnten Sie sich nach Pizza, mal nach Süßem, mal nach Nudeln, dann nach Butterkuchen, je nachdem, worauf Ihr Blick gerade fiel.

Tipp: Essen Sie notfalls vor dem Betreten des Supermarktes noch schnell ein trockenes Brötchen. Danach kaufen Sie tatsächlich nur noch, was Sie wirklich brauchen.

Ähnlich funktionieren Ihre Gefühle übrigens auch bei Mode, Kosmetik, Schuhen oder Schmuck. Wenn Sie sich gerade schlecht angezogen oder schlecht frisiert, unscheinbar oder wie ein »hässliches Entlein« fühlen, neigen Sie viel eher dazu, sich spontan einen Pulli, eine Creme, ein Paar Sandalen oder Ohrringe zu kaufen.

Tipp: Bevor Sie einen Schaufensterbummel machen, ziehen Sie sich die Sachen an, in denen Sie besonders gut aussehen. Frisieren und schminken Sie sich ein wenig mehr als sonst. Dann lassen die schicken Sachen in den Schaufenstern Sie kalt.

Wenn Sie zu den Menschen gehören, die gerne im Buchladen stöbern und immer wieder neue Bücher kaufen, obwohl noch stapelweise ungelesene Krimis zu Hause liegen, dann nehmen Sie zum Stadtbummel immer eines der Bücher mit. Das können Sie im Café oder in der U-Bahn weiterlesen. Sie werden merken, dass Sie sich keine neuen Bücher kaufen, wenn noch ein Ungelesenes in der Handtasche ist.

Viele Käufe werden getätigt, weil die verlockenden Auslagen der Geschäfte Ihrem Unterbewusstsein einen Mangel suggerieren: »Ich will etwas essen.« – »Ich will schöner sein.« – »Ich will eine Story lesen.« Wenn Sie diesen Mangel vorbeugend beseitigen, geben Sie weniger Geld aus. Probieren Sie es aus!

Geben Sie Verführern keine Chance

Bedenken Sie bitte, dass sich die Werbeexperten immer neue Strategien überlegen, um uns mit ihren Botschaften zum Kaufen zu verführen. Je weniger es der Werbung gelingt, unsere Aufmerksamkeit zu erlangen, desto geringer ist die Gefahr, dass sie uns beeinflusst.

Um den Verführern die Chancen auf erfolgreiche Manipulation zu nehmen, können Sie ...

... bei der Werbung im Fernsehen sofort wegzappen.

... nie wieder Verkaufssender im Fernsehen anschauen.

... Schlussverkäufe, Sonderaktionstage und ähnliche Veranstaltungen meiden.

... grundsätzlich keine Werbegeschenke annehmen.

... persönliche Kundenkarten von Kauf- oder Modehäusern zurückgeben und sich aus dem Verteiler für Werbepost streichen lassen.

... Werbung aus dem Briefkasten oder als Beilage in Zeitungen unbesehen ins Altpapier legen.

... sich keine Kataloge von Versandhäusern mehr schicken lassen.

Denken Sie an den Spruch: »Was ich nicht weiß, macht mich nicht heiß.« Werbebotschaften, die wir gar nicht zur Kenntnis nehmen, können uns nicht »heiß« auf die angebotene Ware machen.

Ziehen Sie das Limit hoch

Das »Limit« ist Ihre innere Grenze dafür, was Sie als verfügbares Geld betrachten. Wenn Sie sich zum Beispiel innerlich darauf eingestellt haben, notfalls auch den Dispo in Anspruch zu nehmen, dann werden Sie das mit hoher Wahrscheinlichkeit auch tun. Wenn Sie hingegen eine Abneigung gegen ein Kontominus haben, dann werden Sie gegen Monatsende lieber auf den schicken Pulli verzichten, anstatt zum Geldautomaten zu gehen oder die Kreditkarte zu zücken und so zu riskieren, ins Minus zu rutschen.

Je höher Sie Ihr inneres Limit festlegen, desto früher beginnen Sie, sich Ausgaben, die nicht unbedingt nötig sind, zu verkneifen. Sie entwickeln ganz von selbst ein kostenbewusstes Verhalten.

Tipp: Ziehen Sie Ihr Limit so hoch, dass Sie grundsätzlich nie unter ein Plus von 100,- Euro auf dem Konto kommen. So haben Sie für den äußersten Notfall immer noch eine Reserve und meiden den teuren Dispo.

Tipp: Stecken Sie einen 50,- Euroschein in eine Seitentasche Ihres Portemonnaies. Dieser ist tabu. Damit haben Sie nicht nur stets einen »Notgroschen« parat, Sie üben sich darin,

Geld dabei zu haben, verlockende Dinge in den Läden zu sehen und trotzdem nicht zu kaufen.

Genießen Sie die Lust der Vorfreude

Kredite und Ratenverträge werden uns heute förmlich nachgeworfen. Ob neue Möbel, ein Auto oder gar der Urlaub – alles lässt sich bequem »auf Pump« haben. Sich darauf einzulassen, ist jedoch riskant. Wenn der Job verloren geht oder ein anderer Schicksalsschlag eintrifft, schnappt die Schuldenfalle zu. Sie machen sich das Leben leichter, wenn Sie grundsätzlich auf Konsumkredite verzichten.

Tipp: Wenn Sie zum Beispiel vorhaben, ein Auto zu kaufen, dann richten Sie dafür ein eigenes Sparkonto ein. Gleich zu Beginn des Monats geht ein fest eingeplanter Betrag auf das Konto, und am Monatsende tun Sie das, was noch auf dem Giro übrig ist, dazu. Um die Vorfreude anzuheizen, studieren Sie schon mal Autozeitschriften oder fachsimpeln mit Freunden und Kollegen.

Das Gleiche gilt für neue Möbel, eine große Reise, ein neues Outfit oder was immer Ihnen vorschwebt. Richten Sie dafür ein eigenes Sparkonto ein oder stellen Sie ein Sparschwein auf. Während Sie auf das Anschaffungsziel hin sparen, studieren Sie zum Beispiel aktuelle Wohntrends oder Bücher zum Reiseziel oder die neuesten Modelle der Designer. Beschäftigen Sie sich mit dem Thema, schwelgen Sie in lustvollen Phantasien, diskutieren Sie mit Freunden darüber, machen Sie sich zum Profi des Themas.

Sie werden sehen: Vorfreude ist Genuss. Abzahlen ist eine Plage!

Handeln Sie die Preise runter

Sie können eine Menge Geld sparen, wenn Sie ganz einfach öfter mal zu »feilschen« versuchen. Keine Bange, dazu müssen Sie sich nicht auf zähe Verhandlungen einlassen wie auf einem orientalischen Basar. Es reicht die Frage nach Rabatt oder »Entgegenkommen«.

Tipp: Wenn Sie sich in der Modeboutique ausgesucht haben, was Sie kaufen möchten, dann fragen Sie die Verkäuferin nach dem Preis. Sie soll addieren. Wenn sie die Summe genannt hat, fragen Sie ganz cool: »Und der Endpreis?« Sie werden staunen, wie sich ohne weitere Diskussion die ganze Sache um einiges reduziert. Je nach Größe Ihres Einkaufs sind bis zu zwanzig Prozent locker drin oder Sie bekommen einen Pulli kostenlos dazu.

So können Sie auch nachhaken: »Das ist mir zu teuer. Wie können Sie mir denn entgegenkommen?« Das funktioniert verblüffend einfach beim Autokauf, im Fitnessstudio, im Blumenladen ...

Im Supermarkt oder bei den ganz billigen Textildiscountern lässt sich dagegen nicht handeln. Dort darf das Personal gar nicht nachgeben. Je teurer jedoch die Modeboutique, je exklusiver der Friseur etc., desto mehr Rabatt bekommen Sie, wenn Sie nur einmal ganz selbstverständlich danach fragen.

Füttern Sie ein »Frustschwein« fett

Dieser Tipp stammt eigentlich aus der Anti-Ärger-Strategie, eignet sich jedoch auch sehr gut dazu, mal ein kleines Guthaben für einen speziellen Wunsch aufzubauen.

Beispiel: Sabine hat einen fiesen Chef, über dessen Gemeinheiten Sie sich früher fürchterlich geärgert hat. Sie bekam von einem Coach den Rat, ein Sparschwein aufzustellen. Jedes Mal, wenn der Chef meckert, spitze Bemerkungen macht, sie vor Kunden kritisiert oder sie sonst wie ärgert, soll sie zwei Euro in das Sparschwein werfen. Von dem Geld kann sie sich irgendwann etwas Besonderes gönnen. Sabine hat es trotz einiger Vorbehalte so gemacht. Seither ärgert sie sich tatsächlich nicht mehr über ihren Chef. Jedes Mal, wenn er wieder mosert, wirft sie zwei Euro ins »Frustschwein« und denkt: »Ja, ja, meckere, wie du willst. Das bringt mich meinem Ziel schon wieder näher.« Sobald das Schwein voll ist, wird sie mit dem Geld einen Wochenendtrip nach Amsterdam machen.

Tipp: Legen Sie sich auch ein »Frustschwein« zu. Legen Sie fest, was Sie Schönes mit dem darin gesammelten Geld machen werden. Die zwei Euro bei jedem Ärger oder Frust fehlen Ihnen kaum im Geldbeutel, aber die so gesparte Summe kann Ihnen einen schönen Wunsch erfüllen. Sie werden außerdem erleben, dass Sie sich tatsächlich weniger über Nervensägen ärgern und stattdessen Vorfreude auf das Sparziel entwickeln.

Investieren Sie ins Sparen

Manchmal lohnt es sich, Geld auszugeben, weil danach das Leben billiger ist. Vielleicht können die folgenden Beispiele Sie anregen, an manchen Stellen heute Geld zu investieren, dafür in Zukunft jedoch weniger auszugeben oder mehr einzunehmen:

- Energieberater einladen, um die Stromfresser und die Heizkostenverursacher in der Wohnung zu orten und Vorschläge zur Verbesserung zu machen
- Zusatzausbildung absolvieren und dann einen besseren Job suchen
- Termin bei der Stilberaterin machen, um Fehlkäufe zu meiden
- Fahrrad kaufen, um häufiger auf Auto oder Bus zu verzichten
- Anti-Raucher-Training mitmachen

- Kochkurs besuchen, um danach nicht mehr auf die teuren Fertiggerichte angewiesen zu sein
- Hund kaufen und damit im Grünen spazieren gehen, statt die Freizeit mit Stadtbummeln zu verbringen und immer wieder von den Auslagen in den Schaufenstern verlockt zu werden
- Werkzeug kaufen und Heimwerkerkurse in der Volkshochschule besuchen, statt teure Handwerker zu beauftragen

Tipp: Überlegen Sie mit Freunden gemeinsam, mit welchen Investitionen Sie Ihre finanzielle Lage verbessern können. Wenn mehrere Köpfe rauchen, sprudeln die Ideen!

Sagen Sie Nein

Es ist oft schwer, anderen Menschen gegenüber »Nein« zu sagen: »Nein, liebe Kollegin, ich kann Ihnen keine 20,- Euro leihen.« – »Nein, lieber Neffe, den Führerschein bezahle ich dir nicht.« Das bedeutet ja nicht, dass Sie wie ein Geizkragen nie mehr anderen mit einer Leihgabe aus der Patsche helfen. Aber Sie wollen auf keinen Fall immer wieder angepumpt werden, schon gar nicht mehr von den Leuten, die dann nicht von sich aus pünktlich zurückzahlen!

Das bedeutet auch nicht, dass Sie Ihren Angehörigen oder Freunden keine Geschenke mehr machen wollen. Aber Sie wollen auf keinen Fall, dass andere auf Ihre Kosten einen Lebensstil pflegen, für den sie selbst aufkommen sollten.

Zur Kunst des Neinsagens gehört, dass Sie ...

... nicht sofort ein schlechtes Gewissen haben, wenn Sie einmal nicht den Erwartungen anderer entsprechen.

... es aushalten, wenn die Gegenseite sich enttäuscht zeigt oder Ihnen vorübergehend sogar mit »Liebesentzug« droht.

... sich nicht in ein rhetorisches Hin und Her von Rechtfertigung und Druck ziehen lassen.

Tipp: Halten Sie sich mit Begründungen für Ihr Nein bedeckt. Wer Sie um Geld bittet und Sie nach dem Warum für Ihre Absage fragt, will nicht etwa Verständnis für Ihre Entscheidung, um diese dann zu respektieren. Im Gegenteil, Ihre Gründe sollen rhetorisch zerpflückt werden! In ein solches Hin uns Her von Nachbohren und Rechtfertigung wollen Sie nicht gezogen werden:

Kollegin: »Kannst du mir bitte dreißig Euro leihen? Ich gebe es dir morgen oder übermorgen zurück.«

Sie wissen aus Erfahrung, dass die Kollegin nie von sich aus Geliehenes zurückgibt. Sie sagen deshalb: »Nein, geht nicht.«

Kollegin: »Warum denn nicht?«

Sie: »Ich muss heute noch einkaufen.«

Kollegin: »Wie viel hast du denn mit?«

Sie: »Nur vierzig Euro.«

Kollegin: »Na gut, dann leih mir zwanzig Euro.«

Jetzt sieht es fast so aus, als täte die Kollegin Ihnen einen Gefallen, weil sie ihre Forderung von dreißig auf zwanzig Euro gesenkt hat. Sollten Sie weiterhin beim Nein bleiben, geht die Diskussion weiter, was Sie denn kaufen wollen und dass Sie ja wohl nicht ausgerechnet heute einen Großeinkauf machen müssen ...

Egal, ob Sie am Ende beim Nein bleiben oder doch noch Geld verleihen, Sie werden sich auf jeden Fall schlecht fühlen. Im ersten Fall bekommen Sie den Vorwurf, unkollegial zu sein, weil Sie genug Geld dabei haben, aber nichts hergeben. Im zweiten Fall fühlen Sie sich schlecht, weil Sie wissen, dass Sie im Laufe der nächsten Zeit x-mal hinter der Kollegin her sein müssen, damit diese Ihnen das Geld zurückzahlt. Viel besser ist ein Nein ohne Rechtfertigung:

Kollegin: »Kannst du mir bitte dreißig Euro leihen? Ich gebe es dir morgen oder übermorgen zurück.«

Sie: »Nein, geht nicht.«

Kollegin: »Warum denn nicht?«
Sie: »Tut mir leid, aber es geht wirklich nicht.«
Selbst wenn die Kollegin beharrlich nachbohrt, bleiben Sie beim Nein ohne Erklärungen über Ihre Gründe.
Kollegin: »Sag doch mal! Warum denn nicht? Wie viel Geld hast du denn mit?«
Sie: »Ich kann dir nichts leihen. Wirklich.«

So beißt die Kollegin auf Granit und kann Sie nicht in die Enge treiben. Sie müssen nicht befürchten, durch ein Nein Sympathien zu verlieren. Wer Sie ansonsten als hilfsbereiten Menschen kennt, wird Ihre Entscheidung respektieren und Sie weiterhin mögen. Umgekehrt laufen Sie viel mehr Gefahr, Sympathien zu verlieren! Wenn Sie Geld verleihen und dieses später zurückfordern, dann müssen Sie mit unerfreulichen Reaktionen rechnen. Denken Sie an den Merksatz: »Bei Geld hört die Freundschaft auf.«

Verleihen Sie nur an solche Leute, von denen Sie ganz genau wissen, dass die von sich aus pünktlich zurückzahlen. Ansonsten: »Nein.«

Zum Schluss

Liebe Leserin, lieber Leser,

Sie haben zu diesem Buch gegriffen, weil Sie sich endlich dauerhaft von Ihren »roten Zahlen« befreien wollen. Vielleicht haben Sie parallel zum Lesen schon begonnen, Ihre Unterlagen zu sortieren, Ihre Entschuldungsstrategie zu entwickeln und Ihren Umgang mit dem Geld zu optimieren. Das wäre optimal! Denn dann sind Sie schon auf bestem Wege, endlich schuldenfrei zu werden. Falls Sie erst einmal das ganze Buch ausgelesen haben, um danach mit Ihrem »Anti-Schulden-Programm« loszulegen, dann empfehle ich Ihnen: Fangen Sie gleich heute an. Der erste Schritt kostet am meisten Überwindung.

In diesem Buch habe ich mich bemüht, Ihnen dabei zu helfen, auf die vier wichtigsten Fragen zu Ihrer Schuldensituation die für Sie richtigen Antworten zu finden:

Wie bin ich in mein Schuldenproblem hineingeraten?

Die Antwort hierauf lässt Sie Ihre Erfahrungen reflektieren und damit für die Zukunft klüger sein. Sie machen bestimmte Fehler nicht mehr oder lassen sich von bestimmten Menschen oder Werbetricks nicht mehr einwickeln.

Wo stehe ich jetzt?

Die Antwort auf diese Frage holt Sie aus dem deprimierenden Gefühl, dass Ihnen die finanziellen Probleme über den Kopf wachsen. Stattdessen können Sie selbstbewusst sagen: »Ich habe den Überblick über meine Lage und kann mir nun überlegen, wie ich sie verbessere.«

Wie komme ich wieder heraus aus den Schulden?

Die Antwort auf diese Frage zeigt Ihnen den Weg aus dem finanziellen Loch und gibt Ihnen eine Perspektive für Ihre Zukunft. Sie sehen das »Licht am Ende des Tunnels«.

Wie sichere ich ab, damit mir das nie wieder passiert?

Die Antwort auf diese Frage macht Sie zum Geldprofi. Sie haben für sich selbst die Zuversicht: »Es passiert mir nie wieder, dass ich unter Geldsorgen leiden muss.«

Sie wissen: Geld macht nicht glücklich. Aber: Geldsorgen machen sehr unglücklich. Sie werden ganz sicher, wie viele andere vormals von Schulden Geplagte, erfahren: Gelöste Geldprobleme machen selbstbewusst und zutiefst zufrieden. Ich wünsche Ihnen Durchhaltekraft und zunehmende Freude bei Ihrer Anti-Schulden-Strategie.

Ihre Hedwig Kellner